本书再版受到中山大学"一带一路"研究院经费资助

中大珠海哲学研究丛书

耶路撒冷抑或雅典?
施特劳斯四论

陈建洪 著

中国社会科学出版社

图书在版编目（CIP）数据

耶路撒冷抑或雅典：施特劳斯四论 / 陈建洪著 . —北京：中国社会科学出版社，2023.7

（中大珠海哲学研究丛书）

ISBN 978-7-5227-1789-0

Ⅰ.①耶⋯　Ⅱ.①陈⋯　Ⅲ.①施特劳斯（Strauss，Johann 1825-1899）—政治哲学—哲学思想—研究　Ⅳ.①B516.39

中国国家版本馆 CIP 数据核字（2023）第 066899 号

出版人	赵剑英
责任编辑	冯春凤
责任校对	张爱华
责任印制	张雪娇

出　　版	中国社会科学出版社
社　　址	北京鼓楼西大街甲 158 号
邮　　编	100720
网　　址	http://www.csspw.cn
发 行 部	010-84083685
门 市 部	010-84029450
经　　销	新华书店及其他书店
印　　刷	北京君升印刷有限公司
装　　订	廊坊市广阳区广增装订厂
版　　次	2023 年 7 月第 1 版
印　　次	2023 年 7 月第 1 次印刷
开　　本	710×1000　1/16
印　　张	13
插　　页	2
字　　数	149 千字
定　　价	78.00 元

凡购买中国社会科学出版社图书，如有质量问题请与本社营销中心联系调换
电话：010-84083683
版权所有　侵权必究

| 目 录 |

前　言 | 1
耶路撒冷抑或雅典？
　　——解施特劳斯读《创世记》第一至三章 | 1
《霍布斯的政治哲学》的目的及其影响 | 99
《隐匿的对话》札记 | 112
自由主义批判和犹太人问题 | 142

参考书目 | 177

后　记 | 190

前　言

1999 年夏天，从北大外哲所硕士毕业，旋赴香港浸会大学宗哲系念书。那时，刘小枫教授还在香港。抵港不久，到他家中做客，趁机请教他，有哪几个比较厉害的思想（史）家值得阅读。如果记得没错，他提了三个名字，施特劳斯、沃格林和麦金太尔。我想现在，他对这个问题的回答已经有所不同。当时，这三个人中，我最生疏的是沃格林这个名字。麦金太尔，算是读过他的几部中文译本。施特劳斯，知道河北人民出版社曾出过他主编的《政治哲学史》，另外，碰巧曾在北大图书馆处理外文书的时候，不小心花了 16 块钱买了施特劳斯的红皮市集本（Agora Edition）《论僭政》（*On Tyranny*），附布鲁姆所写简短前言。这类书通常会引起青年学生莫名其妙的兴趣，于是也就莫名其妙地买了，反正不是很贵。后来却发现，这本书题目这么热闹，原来不过是对一篇"生僻"的古代文章的"学究"解读以及相关争论。于是乎，束之高阁。

那时，刘小枫教授大约也明白我还不得其门而入。于是推荐我阅读潘格尔（Thomas L. Pangle）所编施特劳斯的入门文集《古典政治理性主义的再生》（*The Rebirth of Classical Political Rationalism*），作为引导。同时，也试着读了读沃格林的名作《政治的新科学》，然而并没有读懂。比较而言，也不能说更懂一些《古典政治理性主义的再生》中的篇章。不过，确实惊服施特劳斯解读文本的细腻功夫和不拘一格的思想方式。于是，开始阅读并偶尔搜罗一些他的作品。后来，因为个人原因中断了香港的念书生涯。随后到了比利时，在鲁汶大学哲学院念书。不久，收到刘教授的一封回邮，大意是说，施特劳斯是真正的方向。我想，他的意思不是说，要供奉施特劳斯的教诲，而是说，用心阅读施特劳斯，能够找到真正的思想方向。

本书收录四篇文章的顺序，既显示了写作时间的先后，也表现了研究思路的线索。在鲁汶完成硕士论文之后，开始考虑博士论文的题目。基本的想法是重点考察施特劳斯对一个现代哲学家的研究。现代哲学家中，施特劳斯用力最多的有三个人：斯宾诺莎、霍布斯和马基雅维利。迈尔所编《施特劳斯文集》凡六卷，其中三卷分别为施特劳斯论述这三位哲学家的文集。施特劳斯对迈蒙尼德、修昔底德和色诺芬的重视，在一定程度上要分别归功于他对三位现代哲学家的悉心研究。施特劳斯的读者都十分熟悉，他是古典政治哲学的拥护者和现代政治哲学的批评者。然而，施特劳斯并非纯粹为了厚古而薄今，或者纯粹为了薄今而厚古。他强调，没有通往古人的直截道路。只有深入琢磨现代政治哲学奠基者对古人的攻击及其如此攻击的意图，才为正确揣摩古人心意奠定可靠的基础。只有在今人与古人的断裂处，古人的心意即便受到猛烈地攻击也还栩栩如生。一旦这个断裂宣告胜利而后，一旦这个胜利被视作当然，古人的心意便在这个胜利宣告之下逐渐模糊，而后迹近销声匿迹。这也是为什么施特劳斯不断要追本溯源现代政治哲学的奠基处。

几经考量之后，决定以施特劳斯的霍布斯为方向，然后我的导师德斯蒙（William Desmond）教授建议同时考察施米特的霍布斯，以开阔论文的思路和视角。于是，基本上确定论题计划。要同时考察施特劳斯和施米特，迈尔（Heinrich Meier）的著作便是绕不开的文献。准备硕士论文的时候，已经尽可能地阅读和评述讨论施特劳斯的著作和文章。不过，刻意略过了迈尔的论述。当时对迈尔的论点虽不陌生，但感觉尚未很好地把握整体论述。而且，迈尔的论述值得单独考察。第三篇文章便是多次阅读迈尔尤其是《施米特、施特劳斯与〈政治的概念〉》的思考结果。最后一篇文章乃是应刘小枫教授之约，为施米特论霍布斯文集中文本所准备的导言。迈尔札记留下的问题，这篇文章试图做一个初步回答。如今回头再看头一篇论文，有些看法已经有所改变。最后一篇文章已经体现了一些关键想法的转变。但是，没有头一篇论文作为基础，后来的想法也没有可能。因此，将这四篇文章集在一起，作为几年来阅读施特劳斯的一些初步心得。谨将此书献给刘小枫教授，以表谢忱和敬意。其中牵强谫陋之处，则愿识者不吝指正。

2003 年 10 月草于鲁汶

2004 年 11 月补于鲁汶

耶路撒冷抑或雅典？
——解施特劳斯读《创世记》第一至三章

说明和致谢

　　凡到鲁汶大学要念博士班的外来学生，基本上都要先通过一个学年的预博士项目，可谓鲁汶的"洗礼"年。一篇硕士论文并通过答辩是这个"洗礼"年的要求之一。来到鲁汶之后，几经斟酌商讨，最终将这篇学位论文的论题确定为分析施特劳斯的《创世记》解读以及他的解读角度。因此，这篇文章原本是作者在鲁汶大学哲学院（Institute of Philosophy, K. U. Leuven）2002 年夏天完成的硕士论文，内容基本上一仍其旧，仅少许无关紧要的增删。唯一不同之处，就是由英文转成中文，表达上有所差别。

　　和许多中国读者一样，作者对施特劳斯的理解受惠于刘小枫教授的文章，尤其是《哲学、上帝和美好生活可能性——施特劳斯的政治哲学与神学》和《施特劳斯的"路标"》。读者也许能从行文中看到某些影响。不过，我的理解仅限于我的理解力所能达到的程度。作者对施特劳斯的阅读，始于刘小枫教授的推荐。因此，首先感谢他，而且若没有他的鼓励和催促，这篇论文也不会这么快就转成了中文。

其次，感谢我的导师德斯蒙（William Desmond）教授。他对施特劳斯及其学派的著作相当熟悉，这在鲁汶并不多见。他曾逐章阅读这篇论文的初稿，有批评、有鼓励，很多意见切中肯綮。由于他的建议，无论思路还是行文方面，论文的定稿都比最初的样子清晰很多。另外，感谢他在阅读时慷慨地帮我校正了不少模糊不清和不够准确的英文表达。

论文定稿上交之后答辩之前，安特卫普大学（UFSIA）的荣休教授费尔代恩（Paul Verdeyen）曾对论文表达了看法，指出了文字方面的若干错误，并针对论文提出了一些问题，因此为我友情预演了一下答辩的情景。虽然他对施特劳斯不是很感冒，他还是乐于鼓励我这个来自中国在比利时学习哲学的年轻人。由于伊拉克战争，施特劳斯的头像又上了报纸。2003年四五月间，费尔代恩教授寄来4月16日《世界报》（*Le monde*）的第12和13版，尽管他知道我不懂法文。整整两大版讨论施特劳斯及其弟子对布什政府的影响，随文发了好几张照片，包括施特劳斯手衔烟枪的大头照。感谢好友法森（Rob Faesen）教授（Faculty of Theology，K. U. Leuven）在论文写作过程中的鼓励和支持。文中所涉若干问题，他曾为我解释基督教视角的一般理解，从而加深了我对问题本身的理解。辛格（Aakash Singh）博士当时也在鲁汶哲学院以施特劳斯为其博士论文主题，他曾细心校读论文初稿。感谢他的肯定、批评和文字订正。

好友成官泯博士曾通读论文的英文和中文两稿，并寄来他的评论和客气批评。在好几个问题上，他都持有异议。在随后的交流中，我也不断试图说服他并保卫自己的观点。他坦率而真诚的交流，令我受益匪浅，一些问题因此变得更为清晰。田立年兄为我指出了中文稿的好几处打字错误，在此一并表示感谢。

最后，对引用文献作一个简短说明。将论文转成中文时，尽量把所引英文文献转为手头所有相应的中译文。但是，有些中译文本手边没有，故未能一一转换。有些古典作品，比如柏拉图的有些著作，现在都已经有好几个译本，我所引用的只是手头所有的译本。至于这些译本是否为现有译本中较为理想的译本，则由读者自己判断。另外，好些文献是文章形式，转植成中文时需要费大量时间重新查对版权和页码信息，所以也没能一一转换，但都尽可能在脚注里或者参考书目部分提供中译文的信息。

2003 年 10 月于鲁汶

引 论

据学者论，施特劳斯（1899—1973）一生主要致力于探讨研究三个争论。其弟子丹豪瑟（Werner L. Dannhauser）称之为"三大紧张"：古人和近人、耶路撒冷和雅典以及哲学和诗。[1]众所周知，耶路撒冷和雅典是西方文明的两大要素。施特劳斯同样强调这一点。不过他的强调侧重两者的紧张关系。在施特劳斯那里，耶路撒冷意味着（希伯来）圣经教诲，或者说过一种顺服上帝的生活，这种生活依靠

---

[1] Michael Platt, "Leo Strauss: Three Quarrels, Three Questions, One Life", *The Crisis of Liberal Democracy: A Straussian Perspective*, Eds. K. L. Deutsch and W. Soffer, Foreword by Joseph Cropsey, Albany: SUNY, 1987, p. 17. Dannhauser, "Athens and Jerusalem or Jerusalem and Athens?" *Leo Strauss and Judaism: Jerusalem and Athens Critically Revisited*, Ed. David Novak. Lanham, Md.: Rowman & Littlefield, 1996, p. 156.

神启；雅典意味着希腊哲学教诲，或者说过一种自由洞见的生活，这种生活立足于人类理性。施特劳斯以为，西方的生命力在于耶路撒冷和雅典两者之间的紧张，也即顺敬生活和哲学生活之间的紧张。这两种生活相互排斥，没有妥协的余地，所以做一个犹太人和做一个哲学家两者不可兼得，一个人不得不在两者之间作出决断。

但是，施特劳斯本身不就是一个犹太人，同时又被认为是一个政治哲学家吗？施特劳斯出生在一个传统的犹太家庭，后来也研究传统和现代的犹太经典，并且十分关注为什么还要做一个犹太人这样的问题。更重要的是，他以政治哲学家闻名于世。政治哲学乃是哲学的部分，这一点他没有丝毫的含糊。当然，"政治哲学是哲学的部分"不只是就学科安排而言，政治哲学是哲学学科的一个分支，这个分支的重点乃是对政治的哲学思考。在施特劳斯看来，作为哲学的"部分"，政治哲学是哲学本身不可或缺的部分，其重要性可用亚里士多德关于政治学的强调来说明："政治学术本来是一切学术中最重要的学术。"[①] 一种正当的哲学生活，必须深思哲学本身的政治境况。因此，政治哲学不仅是关于政治的哲学思考，而且是关于哲学本身的政治思考。

然而，施特劳斯在骨子里究竟是一个犹太人还是一个哲学家？施特劳斯究竟站在哪一方，耶路撒冷还是雅典？一般而言，比照其对待希腊哲学的清晰态度，施特劳斯思想中的犹太因素显得微妙含混，因此也更有争议。施特劳斯是而且是一个相当不错的政治哲学家，这一

[①] 亚里士多德：《政治学》，吴寿彭译，商务印书馆1997年版，第148页（标准页码1282b14—15）。

点少有争议。但是施特劳斯是不是一个名副其实的犹太人，这一点大有争议。如丹豪瑟所言："争议一直围绕着施特劳斯之为犹太人。"① 如果，在施特劳斯看来，做一个犹太人和做一个哲学家相互排斥，那么他究竟如何看待耶路撒冷和雅典紧张关系中的犹太因素？几十年来，施特劳斯关于耶〔路撒冷〕雅〔典〕紧张的说法，引起了越来越多的注意和讨论。毫不奇怪，这些讨论的焦点在于施特劳斯思想中犹太因素的重要性。② 基于对这个重要性的确信，一位学者宣称力图推进一种逐渐增强的认识，即承认"犹太教在施特劳斯思想中的核心性"。③ 这种努力倾向于论证施特劳斯对犹太教或者希伯来圣经的忠诚。

施特劳斯是一个虔心顺敬上帝的犹太人吗？施特劳斯本人并没有直接谈论这个问题，因此，他对犹太教的态度究竟如何，其门下弟子亦众说纷纭。有论施特劳斯者言，"如果施特劳斯对布鲁姆（Bloom）、贾法（Jaffa）、怀特（White）、丹豪瑟、克罗波西（Cropsey）和其他弟子的著作有若干公开评论，对我们〔理解他〕来说便轻松很多。但是，施特劳斯看来无意令此变得轻松一些"。④ 施特劳斯对犹太教的

---

① W. Dannhauser, "Leo Strauss as Citizen and Jew", *Interpretation*, Vol. 17, No. 3（Spring 1990），p. 440.
② 参看 K. H. Green, *Jew and Philosopher: The Return to Maimonides in the Jewish Thought of Leo Strauss*, Albany: SUNY, 1993; K. L. Deutsch, and W. Nicgorski（eds.）, *Leo Strauss: Political Philosopher and Jewish Thinker*, Lanham & Landon: Rowman & Littlefield Publishers, 1994; Susan Orr, *Jerusalem and Athens: Reason and Revelation in the Works of Leo Strauss*, Lanham, Md.: Rowman & Littlefield, 1995. David Novak（ed.）, *Leo Strauss and Judaism: Jerusalem and Athens Critically Revisited*, Lanham, Md.: Rowman & Littlefield, 1996. 另外，1997 年 *Jewish Philosophy and the Crisis of Modernity* 一书出版，集中了施特劳斯论犹太教思想的文章和讲演，此书为"SUNY Series in the Jewish Writing of Leo Strauss"的第一卷（凡五卷）。
③ Novak, "Introduction" to *Leo Strauss and Judaism: Jerusalem and Athens Critically Revisited*, Lanham, Md.: Rowman & Littlefield, 1996.
④ L. Lampert, *Leo Strauss and Nietzsche*, Chicago: The University of Chicago Press, 1996, pp. 159 n23.

忠诚问题也同样如此。当然，这个问题着重点不在其个人的信仰问题，而在于其思想立场。要探讨其思想立场，自然绕不开他的相关著作。

施特劳斯对耶雅紧张的强调，散见于多种著作。最为明显的表达，出自如下文本：1)《前进还是回头：西方文明的当代危机》（1952，Progress or Return: the Contemporary Crisis in Western Civilization①）；2)《论解释〈创世记〉》（1957，On the Interpretation of Genesis；3)《耶路撒冷和雅典：若干初步思考》（1967，Jerusalem and Athens: Some Preliminary Reflections）。在这三个讲稿尤其在后两个文本中，他对《创世记》的解读非常重要。可以说，通过对《创世记》的解读，他阐明了耶雅紧张中"耶路撒冷"的实质。如前所论，从耶雅紧张的角度来看，犹太信仰对于施特劳斯来说便是〔希伯来〕圣经的教诲。所以，如要考量施特劳斯在耶路撒冷和雅典之间如何抉择，施特劳斯如何解读圣经便属关键之一。

本论文试图通过分析施特劳斯如何解读《创世记》，以求理解其思想立足点和关于耶雅紧张的论述。第一章分析关于施特劳斯耶雅紧张说法的争议以及施特劳斯本人立场的争议，以明争议本身以及争议的关键之处。分析将表明，争议各方，无论私淑或者抨击施特劳斯的学者，不管他们的分歧有多大，大都不约而同地认为，施特劳斯关于犹太教的篇章属其显白教诲。当然，如何评

---

① 这里征引的文本曾分为两篇不同的文章出版，一篇与此处征引的文本同题，另一篇则题为《神学与哲学的相互影响》（"The Mutual Influence of Theology and Philosophy"）。由于这两个文本同属施特劳斯 1952 年 11 月所作三次系列讲座的讲稿，现在学者们已经将这两篇文章合编在一起。Cf. *IPP*, 248; *JPCM*, 132. Editor's Note;《神学与哲学的相互影响》中译文由林国荣译，刊于《古今之争中的核心问题》，华夏出版社 2005 年版。

价施特劳斯的显白教诲,仁者见仁,智者见智,甚至各自见解完全相反。

第二、三章对施特劳斯的《创世记》解读进行细节分析。搞清楚争议中的施特劳斯形象之后,接下来需要直接分析施特劳斯的文本,考察他解读《创世记》的具体细节。他解读《创世记》的重点在于对两个创世叙述的理解。因此,第二章着重考察他如何疏讲第一次创世;第三章主要分析他如何解释第二次创世。施特劳斯的解读在于揭示《创世记》写作者的意图。据其分析,《创世记》关于第一次创世的描写意在贬低哲学的思考主题:天;第二次创世的描写意在贬抑哲学的意图:欲知善恶,或曰观天之思（contemplation of the heavens）。通过解读《创世记》,施特劳斯还表明,哲学在圣经中受到贬抑,乃因为圣经作者深明哲学生活对顺敬生活的根本挑战。

第四章分析施特劳斯解读《创世记》的角度问题,以此显示他在耶雅抉择之间的立场。施特劳斯对《创世记》的解读经常被认为是他心属犹太教的一个证据。依我之见,施特劳斯的《创世记》解读不过描绘了"耶路撒冷"眼中的"雅典"形象。施特劳斯自言"从外在"的角度解读圣经。这一章主要揭示施特劳斯所说外在角度的两重意思:一是作为一个学者;二是作为一个政治哲学家。

最后的第五章将重新回到第一章留下来的问题,在什么意义上施特劳斯关于犹太教的篇章为其显白教诲,并解释为什么施特劳斯以为哲学需要显白教诲,最后指出,施特劳斯立场本身以及他对耶雅紧张的思考,会碰到什么样的疑问和困难。

第一章 争议中的施特劳斯

1.1 引论

在其纪念施特劳斯的文章结尾,布鲁姆写道:"我相信,我们这一代可能因我们如何评价施特劳斯而为下一代所评价。"[①] 有关施特劳斯思想立场的争议,在一定程度上表现了布鲁姆所预期的情形。施特劳斯站在耶路撒冷还是雅典一边?是一个思想上的异教徒还是一个虔敬的思想家?是一个严肃的无神论者还是一个有思想的信徒?关于这些问题,施特劳斯的追随者和批评者各持己见,观点迥异。相应地,究竟谁理解的施特劳斯更为恰当,也是一个有争议的问题。

当人人都宣称自己对施特劳斯的解读符合施特劳斯自己的解释学原则时,情况便更为复杂。根据施特劳斯的解释学原则,精心写就的文本只有一种正确的理解,那就是作者的自我理解,也即作者本人的意图。所以,经典文本的读者不得不尽力理解这些文本,有如作者本人理解他们自己那样。[②] 这个原则也可适用于施特劳斯本人的作品吗?如果可以,当一种理解和另外一种理解互相反对的时候,问题显得十分棘手。然而,如果我们严格遵循施特劳斯的解释学原则,那么,究

---

① Allan Bloom, "Leo Strauss, September 20, 1899—October 18, 1973", *Giants and Dwarfs*, New York: Simon and Schuster, 1990, p. 255. (布鲁姆:《纪念施特劳斯》,朱振宇译,载刘小枫编《施特劳斯与古典政治哲学》,上海三联书店 2002 年版,第 3—28 页。)

② 施特劳斯还认为,所有古代哲学家都教导真理本身 (*the truth*),真理本身不受任何历史因素的影响。伽达默尔很欣赏施特劳斯对解释学理论的贡献,指出"应该承认,对于古典思想家来说,其前辈的意见根本不是作为历史的他者,而是作为同时代的思想来讨论的"。另一方面,他也坚持认为,"真正的诠释学基础却是我们自己同实际问题的关系,柏拉图所处理的也是这种关系"。(伽达默尔:《真理与方法》下卷,洪汉鼎译,上海译文出版社 1999 年版,第 708—709 页。)

竟对施特劳斯的哪一种理解恰如施特劳斯理解他自己那样，这个问题便必须得到回答。否则，我们要么尽情享受自由解释文本的快乐，要么温和地宣称精心写就的文本自身就向多种阅读视角开放。这样，也就否定了施特劳斯坚持的解释学原则。一个如其本人所理解的施特劳斯也就无关紧要了。这两种结果都和施特劳斯本人的原则不符。但是就算遵循他的原则，仍然难逃窘境。一个人可以宣称他理解施特劳斯犹如施特劳斯理解他自己那样，问题是另外一个同样如此宣称的人也许提供了一个完全不同的施特劳斯形象。根据施特劳斯的解释原则理解施特劳斯，看起来陷入了窘困的境地。

关于施特劳斯论耶雅紧张以及施特劳斯本人的立场，已有多种不同或相反的观点可供参考。譬如，美国东海岸和西海岸施特劳斯分子之间的争吵非常典型地体现了阅读施特劳斯的巨大分歧。两派论争的中心议题之一为，前基督教时代的雅典人是否已经通过诗和哲学的吵架经验到了耶雅之间的这种紧张。东岸分子如潘格尔（Thomas L. Pangle）以为情况如此；西岸分子如贾法（Harry V. Jaffa）则并不以为然。在前者看来，施特劳斯对"耶路撒冷"的美言犹如苏格拉底对希腊诸神礼节上的尊敬。对后者来说，施特劳斯之为哲学家和施特劳斯之为虔信的犹太人，两者根本上并不相互排斥。

东西岸施特劳斯分子对这一议题的争吵，以不同的形式在继续进行。比如，欧尔（Susan Orr）站在其师贾法一边，反驳东岸分子之淡化耶路撒冷在施特劳斯思想中的重要性。她的博士论文对施特劳斯的《耶路撒冷和雅典》作逐句逐段的阅读分析，相当仔细。但是在一个重要问题上似乎有些行之过远，即把施特劳斯所言的耶路撒冷直接等同于犹太—基督教传统。① 另外，关于耶雅紧张的争论有时变形为关于启示和理性吵架的争论。比如，柯尔莫（Christopher A. Colmo）和洛文萨尔（David Lowenthal）之间的论争着重点便在于，对施特劳斯来说，上帝究竟是绝对神秘的还是理智可知的。② 无论形式如何变化，争议的关键在于施特劳斯对"耶路撒冷"的态度。

到底谁的施特劳斯更接近施特劳斯本人的想法？我们暂且把这个麻烦的问题放在一边，先换一个角度来思考这个问题。论争各方，无论解读角度如何不同，是否有一个或者若干共同可以接受的前提或者结论？如果有这么一个共同点，那么，这将对我们思考施特劳斯的立场以及相关争议大有帮助。为了这个目标，我们首先需要考察争议各方的观点。

1.2 布鲁姆：施特劳斯之为哲学家

布鲁姆纪念施特劳斯的文章，或可作为我们考察旅程的开始。这篇文章出版于施特劳斯死后翌年（1974），至今仍是讨论施特劳斯的文章中最漂亮和最有见识的文章之一。在此文中，布鲁姆写道，"施特劳斯是一个极有争议性的人物，其著作尚未得到应有的承认"。③ 在布鲁姆看来，"施特劳斯是一个哲学家"，尽管由于他对"稀有人

---

① See Orr, *Jerusalem and Athens: Reason and Revelation in the Works of Leo Strauss*, Lanham, Md.: Rowman & Littlefield, 1995. 比较 Strauss, "EM", 307: "'犹太—基督教传统'？这意味着模糊和掩盖了巨大差别。"

② 参 Christopher A. Colmo, "Reason and Revelation in the Thought of Leo Strauss", *Interpretation*, Vol. 18, No. 1, (Fall 1990), pp. 145 – 160; David Lowenthal, "Comment on Colmo", *Interpretation*, Vol. 18, No. 1 (Fall 1990), pp. 161 – 162; Colmo, "Reply to Lowenthal", *Interpretation*, Vol. 18, No. 2, (Winter 1990 – 1991), pp. 313 – 315.

③ Allan Bloom, "Leo Strauss", 236。

类"和哲学生活的谦逊和敬重,"他从来都不会这么说",尽管他仅以一个学者、古久哲学家的解释者和评注家的面目以示世人。① 显然,布鲁姆以为,施特劳斯是一个哲学家,属于这种"稀有人类",因此他的立场在雅典一边。

尽管如此,布鲁姆并没有完全无视施特劳斯的犹太思想资源。相反,他以为这些思想资源对施特劳斯很重要。不过,这些资源之所以有其重要性,乃因为它们深切关注对政治的哲学理解和对哲学的政治理解。据布鲁姆之见,施特劳斯在神学—政治问题上的纠缠及其对犹太人何去何从问题的思索,引导他经由斯宾诺莎返回迈蒙尼德及其伊斯兰哲学前贤。这个返回导致施特劳斯发现或重新发现了隐晦写作的艺术。由于这个发现或重新发现是施特劳斯的独到贡献,他因此而著名,故此可称作"施特劳斯发现"。施特劳斯发现,这些犹太和伊斯兰中世纪思想家驾驭了一种已被现代人忘记的写作艺术。通过这种写作艺术,他们向所有人隐藏了他们的写作意图,仅极少数人例外。② 通过对这些中世纪思想家的进一步研究,施特劳斯意识到,"他们并不像现代人那样把自己看作革新者,而是把自己看作一种传统的传人,这种传统源自柏拉图;他们仅将柏拉图的教诲适就犹太和伊斯兰的启示。从这些中世纪思想家那里,施特劳斯得知,柏拉图是个预言教导者"③。

因此,布鲁姆以为,施特劳斯的理智历程开始于对现代困境的深切思考,途中遭遇实践隐晦—显白写作艺术的中世纪哲学家,再回溯

---

① Bloom,"Leo Strauss",239. 在第251页,布鲁姆再次强调施特劳斯为一个哲学家。
② Bloom,"Leo Strauss",243.
③ Bloom,"Leo Strauss",245.

到这些哲学家所理解的柏拉图传统的源头。根据这个分析，布鲁姆区分了施特劳斯思想演进的三个阶段。首先，第一个阶段是"前施特劳斯的施特劳斯（the pre-Straussean Strauss）"，也即发现隐晦写作艺术之前的施特劳斯。在这个阶段，施特劳斯在"寻找一个现代之外的立足点"，但此时"他还没有找到"。其次，是成名的施特劳斯（the Straussean Strauss），也即发现隐晦写作艺术并因此闻名的施特劳斯。这时的施特劳斯仍然近于其他人的学术写作，尽管已有其惊人的结论；最后，是"解放了的施特劳斯"（the liberated Strauss）。此阶段，施特劳斯和柏拉图、色诺芬、阿里斯托芬、修昔底德等古人一道思考，用一种完全远离现代学术的方式写作，以"重修天真的洞察"。在布鲁姆看来，遭忽略的第三阶段作品体现了"真正而伟大的施特劳斯"，其余作品不过为此所做的预备。[1] 晚期施特劳斯已不拘于所有意见，以哲学思考和写作作为其生活方式。对布鲁姆来说，施特劳斯的思想演进乃是一个逐步退却的过程，也即从常人世界退却的过程；施特劳斯的生活和写作乃是哲学的生活和教诲。[2]

1.3 法肯海姆（Emil L. Fackenheim）：犹太哲学的可能性

布鲁姆没有论及施特劳斯的所谓犹太篇章，也没有提到一个在施特劳斯眼中大可怀疑的可能性：犹太哲学。布鲁姆自然知道施特劳斯生为犹太人，但是他从来不会认为，我们可以把施特劳斯的哲学著作

---

[1] See Bloom, "Leo Strauss", 246–250.
[2] 布鲁姆理解施特劳斯的方式可能类于他理解柏拉图的方式。关于布鲁姆之柏拉图与施特劳斯之柏拉图的不同之处，朗佩特有一简短评论。参 Lampert, *Leo Strauss and Nietzsche*, 159 n23.

和犹太著作区别开来，更不会把施特劳斯的作品和"犹太哲学"联系起来。然而，施特劳斯的写作确实让若干犹太学者对犹太哲学充满信心。比如，在一部题献给施特劳斯的书中，法肯海姆写道，"比之我有生之年中任何健在的犹太思想家，〔施特劳斯的〕榜样更令我确信一种为了我们这个时代的犹太哲学的可能性以及迫切性"。① 另外，在一篇讨论施特劳斯和现代犹太教的文章中，模仿施特劳斯论柯亨（Hermann Cohen）一文（*SPPP*, 247）的结尾句，法肯海姆重申了这一信念："施特劳斯生于斯教于斯，于犹太哲学的未来幸莫大焉。"② 但是，犹如施特劳斯之要超越柯亨的眼光，法肯海姆同样要超越施特劳斯的看法。法肯海姆赞扬了施特劳斯对犹太哲学未来的重要性，但同时也指出"施特劳斯太过悲观"。那么，在法肯海姆看来，施特劳斯对什么东西太过悲观？对虔信的犹太生活，还是对犹太哲学？二者皆然。关于前者，法肯海姆承认，"施特劳斯并不重视这样一些犹太人，他们尽管被剥夺了对犹太教的知识，但英勇地效忠他们不知不识的道统，绝不与其压迫者妥协"③。关于后者，法肯海姆本人似乎也相当谨慎，避免直接称施特劳斯为一个犹太哲学家，尽管非常赞赏施特劳斯的贡献及其对"犹太哲学的未来"的重要性。

法肯海姆的谨慎，或因为这样一个事实：对施特劳斯而言，"犹太哲学"是一个令人奇怪的组合，犹如"基督教哲学"对海德格尔来说是一个方的圆。法肯海姆从施特劳斯那里得知，并许之为然：海

---

① Emil L. Fackenheim, *To Mend the World*, New York: Schocken, 1982.
② Fachenheim, "Leo Strauss and Modern Judaism", *Jewish Philosophers and Jewish Philosophy*, Ed. Michael L. Morgan. Bloomington and Indianapolis: Indiana University Press, 1996, p. 105.
③ Fachenheim, "Leo Strauss and Modern Judaism", *Jewish Philosophers and Jewish Philosophy*, Ed. Michael L. Morgan. Bloomington and Indianapolis: Indiana University Press, 1996, p. 105.

耶路撒冷抑或雅典？施特劳斯四论

德格尔是那个时代"最伟大的哲学家";他深知,海德格尔的思想道路对施特劳斯的重要性,远出乎我们的预料。① 海德格尔以为,不存在"基督教哲学"这回事情,也没有所谓"新康德神学"或者"现象学神学"之类的东西。这种结合在海德格尔看来乃是方的圆。这种结合之所以不可能,乃因为信仰引导的生活和哲学引导的生活之间的生存冲突。② 在这个问题上,施特劳斯与海德格尔的想法类似,因此"犹太哲学"这个说法对施特劳斯来说显得古怪。施特劳斯并没有直接说不存在犹太哲学这回事情。施特劳斯或许有意含糊,他的弟子却要直接道出。例如,伯恩斯(Laurence Berns)清楚写道:"施特劳斯是一个犹太人,一个犹太学者;依我浅识陋见,他是一个哲学家;但他坚持认为,严格说来,不存在犹太哲学这样的事情。"③

依我看,布鲁姆会赞同伯恩斯的观点,没有犹太哲学这样的东西。如果施特劳斯的著作中存在着理性和启示互相妥协的迹象,布鲁姆会认为,这不过是施特劳斯的公开教诲也即显白教诲的结果。施特劳斯的私下或者隐晦教诲则要说明,人不得不在启示和理性之间,在耶路撒冷和雅典之间作非此即彼的选择。④ 施特劳斯以看似中立的方式谈论耶路撒冷和雅典,因而有意模糊了他在这个非此即彼问题上的

---

① Fackenheim, "Leo Strauss and Modern Judaism", pp. 100 – 102. 另外,法肯海姆甚至更直接地陈明海德格尔对施特劳斯的影响之深,同时也指出施特劳斯对海德格尔的理解之深:"也许,一个时代将会到来,当海德格尔被人记得主要是因为,如果没有他,施特劳斯将不会是其所是,成其所成。" ("Reply to My Critics: A Testament of Thought", Fackenheim: *German Philosophy and Jewish Thought*, Eds. Louis I. Greenspan and Graeme Nicholson. Toronto: University of Toronto Press, 1992, p. 298.)
② 海德格尔:《路标》,孙周兴译,商务印书馆2000年版,第73页。
③ L. Berns, "Leo Strauss 1899 – 1973", *The Independent Journal of Philosophy*, Vol. , 1978, p. 2.
④ See Bloom, "Leo Strauss", p. 244.

立场。

1.4 表层的重要性

显然，布鲁姆认为施特劳斯站在雅典一边，施特劳斯对耶路撒冷的美言乃是其公开教诲。所谓公开或显白教诲，就是直接可以听得见看得明摆在表面上的教诲。当然，布鲁姆并没有忽略施特劳斯对表层意思的强调："施特劳斯的口味总引导他注视简单的、日常的和表面的。他说，只有极其仔细地注意表面，才可以抵达核心；他还说表面就是核心。"① 不过，对布鲁姆来说，重要的不是表面的而是核心的施特劳斯。尽管表面是抵达核心的唯一道路，但更重要的是要抵达核心。政治哲学，或曰哲学的实践教诲，指向哲学生活本身。在布鲁姆看来，施特劳斯思想中的犹太资源加深了他对哲学之政治处境和哲学之政治考虑的理解，但并不是施特劳斯内心认同耶路撒冷的证据。

与布鲁姆相比，罗森（Stanley Rosen）的观点更为鲜明。首先，罗森承认，"对于施特劳斯，雅典和耶路撒冷之间的抉择是一个实在的问题"。然后，他比布鲁姆更明确而直接地宣称，"凡施特劳斯的好学生，对其老师的选择从来没有过疑义"。② 罗森的意思是说，施特劳斯毫无疑问站在希腊哲学一边。那么，怎样看待施特劳斯论犹太教的篇章？罗森的回答十分直接，毫无掩饰：它们不过是"施特劳斯对希伯来传统表面上的附庸风雅而已"。③ 所以，罗森认为施特劳斯

---

① Bloom, "Leo Strauss", p. 253.
② S. Rosen, "Hermeneutics as Politics", *Hermeneutics as Politics*, New York: Oxford University Press, 1987, pp. 112 – 113. （罗森：《作为政治的解释学》，宗成河译，载刘小枫编《施特劳斯与古典政治哲学》，上海三联书店 2002 年版，第 191—261 页。）
③ Rosen, *Hermeneutics as Politics*, 17.

耶路撒冷抑或雅典？施特劳斯四论

站在雅典一边，并轻描淡写耶路撒冷对施特劳斯思想的重要性。他的态度如此直接而且旗帜鲜明，导致学者对其观点的怀疑。格林（K. H. Green）便是其中一个。格林批评罗森和布鲁姆"没有充分注意显白教诲"和事情的表面。① 他强调，施特劳斯以为，"事情表面并且只有事情表面的问题，才是事情的关键"（TOM, 13.）。以此，格林吁请注意，施特劳斯"毫不含混地宣称对犹太传统的深刻而严肃的忠诚"以及"他对犹太教的终生眷恋"②。首先，格林论辩道，施特劳斯并没有在耶路撒冷和雅典之间作非此即彼的简单选择。其次，格林试图论证施特劳斯思想中耶路撒冷和雅典的某种和谐。他写道：

> 施特劳斯似乎会偏爱迈蒙尼德的〔隐晦论〕样本，因为作为臣服犹太教的犹太人和哲学家，他在这种隐晦论中设计了最为平衡恰当和完全可持久的策略，以使理性和启示、道德和知识之间的冲突变得和谐融洽并易于持守。③

出于这个理由，格林进一步断言："我相信，描述施特劳斯为我们所以为的'认知的有神论者'，这是十分准确的。"④

强调施特劳斯思想中耶路撒冷因素的重要性，这一点并没有问题。格林批评罗森和布鲁姆不够重视施特劳斯的显白教诲，相当到

---

① Green, *Jew and Philosopher*, 144 n2.
② Green, "Editor's Introduction: Leo Strauss as a Modern Jewish Thinker", 50 n6.（格林：《现代犹太思想流变中的施特劳斯》，游斌译，载刘小枫编《施特劳斯与古典政治哲学》，上海三联书店2002年版，第29—142页。）
③ Green, *Jew and Philosopher*, 135.
④ Green, *Jew and Philosopher*, 27.

位。但格林对罗森和布鲁姆的正确批评出于错误的理由。前已提及，布鲁姆并没有无视施特劳斯对表面的强调，但他以为表面表征深层，显白教诲指向隐晦教诲。鉴于此，格林的批评需要回答，施特劳斯强调表面的重要性是否完全等于说，表面和深层相等同以及施特劳斯对耶路撒冷和雅典双方的重视是否是要寻找它们之间的平衡。罗森直截了当的说法确实给人这样一种印象，即施特劳斯简单地站在雅典的立场反对耶路撒冷，似乎耶路撒冷在施特劳斯眼中无关紧要一般。根据施特劳斯的说法，它们则是真正相互匹敌的对手，各欲取对方而代之。

格林在其著作中强调，耶路撒冷和雅典在施特劳斯眼中乃是"友善的对手"，"互相尊重对方的主张"①。从超越双方立场的角度来看，这个看法相当准确。但是这个看法仍然不能排除，施特劳斯可能采取雅典的立场，作为耶路撒冷的一个友善对手，并因此尊重耶路撒冷所坚持的生活主张。如果切实遵循施特劳斯的解释学原则，这是更可信的结论。如此，格林试图构造耶路撒冷和雅典在施特劳斯思想中的和谐气氛，便属徒劳。再者，罗森说施特劳斯是一个"想要成神的无神论者"，有其自己的立场。他试图指出施特劳斯思想中的尼采渊源，他以为，施特劳斯的哲学概念乃是尼采式的：哲学作为意志活动。②罗森以为施特劳斯笔下的柏拉图是现代的、尼采的柏拉图，他有意亮出自己和施特劳斯的不同。罗森有意与施特劳斯拉开距离，有他自己的选择。要反驳罗森对施特劳斯的看法，指责他没有充分注意施特劳

---

① Green, *Jew and Philosopher*, 136.
② Rosen, *Hermeneutics as Politics*, 137.

斯的显白教诲，并不是关键。重要的是要判断，他自己的选择较之施特劳斯的选择，是否更可称道。此属另一复杂问题，非本论文所关心问题的关键，故从略。① 简言之，构造耶雅两大因素在施特劳斯思想中的和谐景象，并不可信。因而，也不能有效反驳或者取代罗森关于施特劳斯的看法。格林的努力实际上也处于尴尬境地，要论证两者在施特劳斯思想中的和谐，便不能回避这样一个麻烦：施特劳斯明确否认耶路撒冷和雅典之间有妥协综合或者和谐相处的可能性。

1.5　格林：施特劳斯之为认知有神论者

格林的观点中最可怀疑的是，他把施特劳斯描绘为一个"认知的有神论者"。这一描述犹如"犹太哲学"对于施特劳斯、"基督教哲学"对于海德格尔一样没有什么意义。对于施特劳斯或其法拉比（Al-farabi）来说，这个描述大成问题："礼赞哲学意味着全盘否认，一般宗教和特殊的启示宗教可以声称有任何认知价值。"（*PAW*, 13）再引一段类似的话：

> 法拉比，迈蒙尼德认他为其时最伟大的哲学权威，实际上否认宗教有认知价值，不过他认为，顺从一个人生于斯长于斯的宗教团体之律法和信仰，这是未来哲学家的一个必要条件（*PAW*, 182）。

因此，要想有效论证施特劳斯为"认知的有神论者"，格林不得

---

① 关于罗森之施特劳斯的一个分析，参见 Colmo, "Reason and Revelation in the Thought of Leo Strauss", *Interpretation*, Vol. 18, No. 1 (Fall 1990), pp. 145–160.

不拒绝施特劳斯的法拉比和施特劳斯本人的类似说法。

格林对施特劳斯的阅读属同情式阅读,对待施特劳斯的文本相当有耐心。但是,他想捍卫施特劳斯为虔诚有神论者的意愿如此之深,以致他倾向于对施特劳斯思想中的耶路撒冷和雅典两因素作和谐化处理。这么处理的原因之一是,格林试图校正罗森和布鲁姆对施特劳斯的观点,他们毫无迟疑地认为施特劳斯选择雅典而非耶路撒冷。另外,他把施特劳斯刻画为一个"认知的有神论者"和"作神学思考的哲学家",其目的在于把施特劳斯和科耶夫的立场区别开来,后者明确表示哲学无神论为必须。罗森认为施特劳斯和科耶夫实际上属同一个类型的哲学家,即想成神的哲学家。[1] 格林的靶子之一便是罗森的这一看法。

格林努力把施特劳斯同科耶夫区分开来,这一点值得欣赏。但是,把施特劳斯看作一个认知有神论者却需要更有力的证据。他引为证据的文本之一,乃是施特劳斯引述培根《论说文集》中有关无神论的讨论。施特劳斯转述道,圣经里的奇迹不是用来说服愚拙的人,他在心中说"没有上帝",而是用来说服那些"缺乏信仰或者信仰其他神的人"(*J&A*, 381; also in *SPPP*, 151)。根据上下文来看,施特劳斯的意思正是要分别耶路撒冷和雅典的立场,分别圣经意义上的智慧和希腊哲学意义上的智慧。首先,施特劳斯并没有直接表示自己赞同圣经智慧。至少,他没有说"从我的观点来看"而是说"从圣经的角度来看,不信神的人是愚拙的人,他在心中说'没有上

---

[1] Colmo, "Reason and Revelation in the Thought of Leo Strauss", *Interpretation*, Vol. 18, No. 1 (Fall 1990), pp. 145 – 160.

帝'"。其次，很明显，施特劳斯区分了两种人。一是在其心中说"没有上帝"的人；二是那些缺乏信仰或者信仰其他神的人。前者指的是哲学家，他们不可能信服圣经里的奇迹。后者则是那些可能被圣经奇迹说服的人，他们不是不信的人，而是较弱的信仰者或者信仰别的神的人。从这个角度来看，真正的不信者乃是哲学家，他的心从来不会受圣经教诲感化而信服。根据施特劳斯的观点，圣经作者（们）对哲学家的心如此了如指掌，以致他（们）根本不会尝试去说服硬心肠的哲学家。因此，他（们）直截了当地称呼哲学家为愚拙的人，从而使信徒们的信仰远离哲学，以免哲学怀疑动摇之。

因此，从圣经的角度来看，哲学家是愚拙的人。但是，并不能像格林那样依此得出结论说，施特劳斯本人也站在"一种神学立场"，视"哲学无神论者"为愚拙的人。格林坚持认为，施特劳斯承认"无限"为权威。当然，这对施特劳斯来说是可能的，也许是必须的。但是，这不等于说，施特劳斯本人接受或者衷心信仰这个权威。据施特劳斯的分析，圣经无意劝信哲学家，而只是贬损他们为愚拙的人。所以，如果认真对待施特劳斯对圣经的解释，那么很难找到可信的理由说明施特劳斯是一个"认知有神论者"或者"作神学思考的哲学家"。

换个角度来思考，施特劳斯出于什么理由承认"无限"为权威？格林本人也认为这与哲学的政治学有关系，但是他依然坚持施特劳斯"对哲学和犹太教传统的双重忠诚"。[①] 如何考虑格林以为的这种双重

---

① Green, *Jew and Philosopher*, 125.

忠诚？看起来，如果表面之重要性得到充分强调，格林会赞同布鲁姆对施特劳斯的看法。这样便是说，施特劳斯作为一个哲学家衷心服膺雅典，但是表面上也推崇耶路撒冷。当然，施特劳斯的显白论不只是因为他生为犹太人，也不只是对耶路撒冷的附庸风雅，相反，这是慎微的哲学家们永远的政治事业。事实上，在《迈蒙尼德之为隐晦作者》一章，格林没有否认这样的结论。但格林更强调施特劳斯"对当代犹太论说的根本性贡献"，而这一贡献还没有很好地得到认识和探讨。由于这一原因，格林意在发现"'别样的'施特劳斯"①。格林出色地探讨了施特劳斯对迈蒙尼德的三阶段回归，令人注意到尚未得到足够重视的施特劳斯对犹太思想的贡献。但是，若其"别样"施特劳斯的别样性是指施特劳斯之为认知有神论者或者作神学思考的哲学家，则此别样性尚待充分论证。否则，此别样性非属施特劳斯的别样性，反而是论者格林本人的别样性。

1.6　德鲁利（Shadia B. Drury）：施特劳斯之反现代

较之格林，丹豪瑟更清楚，辩护施特劳斯既是哲学家又是一个虔诚的犹太人，极其困难。所以，虽然他同样论证施特劳斯为"好犹太人"和"忠诚的公民"，但是他采取较低调的辩护姿态。他写道，"大体上，我将讨论施特劳斯之所行，即其作为公民和犹太人的所作所为，而非其所思"。②在此限定之下，他辩护施特劳斯是一个忠诚的犹太人和美国公民，在许多方面相当有说服力。比如，他以为，对施

---

① Green, *Jew and Philosopher*.
② Dannhauser, "Leo Strauss as Citizen and Jew", 433.

特劳斯来说，耶路撒冷乃是"雅典的真正对手"，他们"没有简单地否定对方"①。同是为施特劳斯思想中的耶路撒冷因素作辩护，丹豪瑟与格林的不同之处在于，他从行为角度捍卫施特劳斯为好犹太人和忠诚的公民，同时承认，从思想角度看，施特劳斯是一个出色的哲学家。

丹豪瑟捍卫施特劳斯是一个好犹太人和美国公民，因此反对这样一种观点，即施特劳斯是一个不好的犹太人、不好的美国公民和无神论者。讨论丹豪瑟的辩护之前，有必要简单看看施特劳斯受到什么样的指责和批评。此类指责和批评最明显的例子，属德鲁利的《施特劳斯的政治理念》。此书出版于1988年，是第一本检讨和批评施特劳斯政治哲学的书。此书的目的乃是要揭发施特劳斯非自由主义和反现代的真实面目。施特劳斯的隐晦—显白论掩盖了他的真实面目，德鲁利是要揭开面纱让大家看见他的真实面貌。② 此书面世后，自然遭遇到施特劳斯分子或强或弱的抨击，但是德鲁利的立场丝毫没有退却。1997年，她出版了另一本书，继续揭发和批评施特劳斯反自由主义的真实面目，并指出他是美国右派的根本思想源头。德鲁利在这本书里再次揭发道，施特劳斯"对犹太教以及任何宗教的崇敬，不过因为政治目的的虚与委蛇而已"。③ 与此同时，她论证道，施特劳斯实际上与海德格尔（Martin Heidegger）和施米特（Carl Schmitt）乃一丘之貉，同属现代性的敌人和政治不正确的思想家。更有甚者，施特劳斯

---

① Dannhauser, "Leo Strauss as Citizen and Jew", 445. Dannhauser, "Athens and Jerusalem or Jerusalem and Athens?", 162.
② See Drury, *The Political Ideas of Leo Strauss*, New York: St. Martin's, 1988.
③ Drury, *Leo Strauss and the American Right*, New York: St. Martin's, 1997, p. 48.

把这两位思想家的极端思想向更极端的方向发展。① 由于对现代政治理念的坚信,德鲁利坦承她不喜欢施特劳斯的思想。她认为施特劳斯的作品"艰涩乏味",其思想"神神秘秘而且不可捉摸",其隐晦论则"古里古怪"②。她的努力,便在于去掉这些稀奇古怪、神神秘秘的面纱,让大家看清楚施特劳斯的真面目。基于她的立场,她感到"很奇怪",迈尔(Heinrich Meier)明知道施特劳斯对施米特的批评乃是把施米特对现代自由主义的批评向更极端的方向推进,但是他竟然没有"发现施特劳斯政治观的错误"。③

德鲁利认为,施特劳斯欲言又止的写作方式是不想直接承认其反现代的立场。在她看来,历史已经表明何为正确的和错误的政治理念。但是,在施特劳斯眼中,较之语言中的城邦比如柏拉图的理想国,任何现实历史政体皆未臻完满。德鲁利确信,政体之正确错误、好与坏这一问题,已经很清楚,不再是一个问题。施特劳斯不会否认,有些政体优于另外一些政体。但是,对于哲学思考来讲,较之现实历史政体间的差别,任何现实政体与理想政体之间的差别显得更为根本。但在德鲁利看来,现代政治理论和现实已经回答了何为好的政治和政治思想。如朗佩特(Lampert)指出,由于她"本身传道式的语调",德鲁利"对施特劳斯真实意图的真知灼见"未达其实效。④

---

① Drury, *Leo Strauss and the American Right*, especially chapter three: "Strauss's German Connection: Heidegger and Schmitt".
② Drury, *Leo Strauss and the American Right*, especially chapter three: "Strauss's German Connection: Heidegger and Schmitt", p. 3.
③ Drury, *Leo Strauss and the American Right*, especially chapter three: "Strauss's German Connection: Heidegger and Schmitt", 93, 198 n91.
④ Lampert, *Leo Strauss and Nietzsche*, 132 n5.

1.7 丹豪瑟：施特劳斯之为好犹太人

德鲁利指出，施特劳斯对犹太教的尊敬不过出于政治考虑的敷衍之举，并揭发施特劳斯的思想较之两位同情纳粹的思想家更为极端。施特劳斯的学生们试图澄清，施特劳斯不是民主的阿谀之徒而是其友好的批评者；因此，他不是自由民主制度的敌人而是诤友。① 尽管如此，自由民主人士的不满依然难消。德鲁利的批评乃是其中的一个典型。面对这样的不满和质疑，丹豪瑟为其师辩解，认为他既是一个思想敏锐的哲学家，又是一个好犹太人和好公民。当然，丹豪瑟没有像格林那样把施特劳斯刻画为一个认知有神论者和作神学思考的哲学家。丹豪瑟没有否认施特劳斯对古人的热爱。他承认，施特劳斯，作为深受古代哲学精神熏陶的哲学家，不可能是"美国政体的理想公民"和"任何政体的最佳公民"。② 但是，他对众多施特劳斯批评者的立场表示奇怪。他们一方面抨击"事实上或者所谓的施特劳斯的观点，因为它们被认为是'右派'观点"；另一方面欢迎法兰克福学派对美国的各种左派分析。③ 丹豪瑟论辩的关键在于，施特劳斯所行完全忠于美国政体，尽管其所思未必如此。然后，他接着捍卫施特劳斯之为好犹太人。辩护施特劳斯之为好犹太人，旨在驳斥施特劳斯是一个无神论者的指控。首先，他论辩道，大思想家的严肃教诲不能随意加以简化。其次，对于无神论者来说，宗教是"一个错误、鸦片和幻

---

① Allan Bloom, "Foreword" to Leo Strauss, *Liberalism Ancient and Modern*, Ithaca and London: Cornell University Press, 1989.
② Dannhauser, "Leo Strauss as Citizen and Jew", 433.
③ Dannhauser, "Leo Strauss as Citizen and Jew", 437.

觉"。最后，如果施特劳斯是一个无神论者，那么施特劳斯费这么多心思研究犹太教并"不断回到犹太教"，便显得不可思议。对丹豪瑟来说，尽管施特劳斯是一个哲学家，一个"雅典"人，他并没有轻描淡写耶路撒冷而置之不理；相反，他非常严肃地看待耶路撒冷，因为它是雅典的真正对手。①

在《施特劳斯作为公民和犹太人》中，丹豪瑟主要从所行方面捍卫施特劳斯。《雅典和耶路撒冷还是耶路撒冷和雅典？》一文则讨论施特劳斯之所思。开篇之处，丹豪瑟首先承认自己是"一个施特劳斯分子"，"施特劳斯教诲的追随者"，是一个犹太人因而不是无神论者，同样"在取法耶路撒冷割爱雅典这一选择上有些麻烦"。② 然后，他开始展开三个步骤的分析。首先，对施特劳斯来说，耶路撒冷是雅典的伟大对手。如果耶路撒冷因素属施特劳斯思想中的表层，那么正如施特劳斯声称的，这个表层即是事情的中心。因而，不能轻视这表层；只有充分重视这个表层，才能很好理解耶雅之间的紧张。其次，丹豪瑟强调，在施特劳斯那里，做一个哲学家和做一个犹太人互相排斥，不可调和，要么取法耶路撒冷要么追随雅典。丹豪瑟认为，在这个非此即彼抉择上，施特劳斯选择雅典而非耶路撒冷。最后，丹豪瑟谦和坦陈，他不知道施特劳斯是否选择对了，也不能反驳施特劳斯的选择，尽管他对施特劳斯的选择并不满意。他一方面坚持施特劳斯之所行说明了他是一个好犹太人，另一方面也不掩饰这一事实，即他不同意施特劳斯对非教条无神论的解释。对施特劳斯来说，非教条无神

---

① Dannhauser, "Leo Strauss as Citizen and Jew", 443–445.
② Dannhauser, "Athens and Jerusalem or Jerusalem and Athens?", 155.

论大不同于教条无神论。对丹豪瑟来说，所有无神论都是教条的。通过这一差别，丹豪瑟摆明了自己和施特劳斯的不同取舍，即一个耶路撒冷信徒和一个雅典人的歧异。

显然，丹豪瑟自己的选择与施特劳斯的选择不同，甚至截然相反。问题在于，既然两种立场针尖对麦芒，为什么丹豪瑟不直接反驳施特劳斯的选择？在这个问题上，丹豪瑟显得相当犹豫慎重。根本原因并不在于为其师讳，而在于施特劳斯的隐晦—显白论。丹豪瑟的文章以若干问号作结，而这些问题对许多人来讲同样困惑难解。那时，无神论不但已经不再是一个可怕而应该隐藏的秘密，而且有相当多的捍卫者和辩护师。如果施特劳斯是无神论者，为什么他视此为秘密？其时，最大胆的信念都不再是一个禁忌，而且是可容忍的。如果施特劳斯坚持隐晦论，为什么他要坚持如此写作？

1.8 小结

施特劳斯的隐晦—显白论显然是争议中最困惑难解的问题。争议的关键点在于施特劳斯对耶路撒冷的态度。在布鲁姆看来，施特劳斯是一个犹太人，这不过说明他生为犹太人这个事实。施特劳斯称引犹太作者不是因为他们的犹太特性，而是因为他发现这些犹太作者深谙隐晦写作方式。不过，布鲁姆承认，表层对施特劳斯来说极端重要。罗森则更极端地认为，施特劳斯关于耶路撒冷的讨论，不过是对希伯来传统表面上的附庸风雅。格林认为，布鲁姆和罗森过分简单对待表面在施特劳斯那里的重要意义。他试图调和施特劳斯思想中的耶路撒冷和雅典两因素，并因此认定，施特劳斯为认知有神论者和作神学思考的哲学家。

德鲁利发现，施特劳斯看似平和的写作方式不过是要遮掩其反自由主义和非现代的极端立场。因此，她要揭开施特劳斯的这层面纱，还原其真实面目。这类指控的意图之一在于指明施特劳斯的政治不正确。为反驳这类指控，丹豪瑟辩护其师为一个好犹太人和忠诚的美国公民，尽管也不否认，施特劳斯之为崇古人士不可能是任何现实政体的理想公民。丹豪瑟的立场有同于布鲁姆和罗森的地方，也有同于格林的地方。与前两者相同，丹豪瑟认为施特劳斯站在耶雅紧张的雅典一边。与后者相同，他认为耶路撒冷对于施特劳斯来说不可或缺，施特劳斯没有对之轻描淡写而随意打发。但是，丹豪瑟没有像格林那样企图调和施特劳斯思想中的两种要素，尽管他承认施特劳斯乃是敬重耶路撒冷的雅典人。另外，他也不讳饰自己和施特劳斯在耶雅抉择上的不同。然而，尽管与其老师取道相反，丹豪瑟没有说施特劳斯选择错了。他只是追问施特劳斯表达其选择的方式，质问为什么需要隐晦—显白论，为什么一个无神论者需要藏匿其无神论思想。在罗森看来，隐晦—显白论对于哲学思考来说没有必要了。对德鲁利来说也是如此，但是如此考虑的原因不同。相对而言，丹豪瑟较为小心。他没有判断，隐晦—显白教诲方式是否必需，他老师的选择为对为错。但是，他以问问题的方式表达了自己的不同想法。许多人都会对这些问题的答案感兴趣。遗憾的是，施特劳斯没有给出任何明确的答案。丹豪瑟也谦逊地表示，他不认为自己能够提供这些问题的答案。

综合各方的争议，我们可以得出三点结论。首先，争议各方的分歧根源在于，到底施特劳斯如何看待耶路撒冷。其次，争议各方大都同意，施特劳斯论及耶路撒冷的篇章是其表面教诲，或曰显白教诲。当然，应该如何看待这种教诲，分歧甚大。最后，如果施特劳斯论耶路撒冷的篇章为其显白教诲，而且这种教诲对施特劳斯来说非常重要，那么这种写作方式所隐藏的意图是什么？依洛文萨尔之见，施特劳斯意在设置障碍，而且"确定无疑已经给那些寻求哲学之路的人设置了巨大的障碍，同时迫使宗教人士与哲学打交道从而感受哲学的人文力量"。① 但是，为什么哲学家要为哲学追求者设置如此巨大的障碍？为什么不是相反，令通往哲学之路变得更为畅通无阻，从而令其追求者行走自如？为明此问，我们需要绕行一段，首先需要考察施特劳斯对耶路撒冷的细节讨论，尤其要考察他如何疏讲《创世记》。

第二章　论第一个创世叙述

2.1　引论

施特劳斯解读圣经尤其《创世记》的路子，尚未得到充分重视和批评讨论。不过，也已经有人开始采取这条路解释圣经经文。② 本文关心的问题是，施特劳斯的《创世记》解释对于理解耶雅紧张有什么重要性。两者之间的紧密关系从《耶路撒冷和雅典》一文的结构便显然可见。在此文中，施特劳斯清楚地论述了耶路撒冷和雅典之间的紧张。此文由两部分组成，"圣经的开端与其希腊对应者"和"论苏格拉底和先知"。第一部分总共三十个段落，第二部分十一个段落。第一部分大约有一半篇幅（第十到二十三段）属于对《创世记》开端部分的解读。两者的关系从另外一篇文章内容来看也不难觉察。

---

① Lowenthal, "Comment on Colmo", *Interpretation*, Vol. 18, No. 1, (Fall 1990), p. 162.
② 关于施特劳斯的新读法对后来的影响，格林有一简短考察。参见 Green, "Editor's Preface", *JPCM*。

《论解释〈创世记〉》起首便强调有必要理解圣经和希腊传统之间的异同。施特劳斯的圣经解释，其最醒目的论调在于强调耶路撒冷和雅典的冲突。《创世记》解释在其阐述耶雅紧张关系上扮演了十分重要的角色。

根据施特劳斯的解释，《创世记》提供了两个创世叙述。① 这两个叙述对于理解耶雅紧张非常关键。第一个为《创世记》第一章的创世叙述，这个叙述意在贬抑"哲学的首要主题"，即天。第二个是第二和第三章的创世叙述，意在贬抑"哲学的意图"，即欲知善恶（*OIG*，373；*J&A*，385；*PAW*，20）。为了理解在施特劳斯看来圣经作者或编者如何看待和挑战哲学，需要考察施特劳斯对《创世记》的解释细节。

施特劳斯的解读细节并不十分明白易懂，因此需要再解释。第一个创世叙述指《创世记》第一章关于上帝六天创世的叙述。在讨论创世叙述之前，施特劳斯首先说明"创造"一词的意思。据施特劳斯分析，创造意味着造成事物的分别以及用来分别的事物。比如，日别于夜，植物别于动物，天分开空气以上的和空气以下的水，如此等等（*OIG*，363）。然后，施特劳斯接下来解释创世序列的意思。他认为，上帝六天创世的叙述分为两个部分，每个部分各三天。② 第一个部分，被造事物依次为光（第一天）、天（第二天）、地和海以及地

---

① 现代圣经研究者通常将两个创造叙述区分为 the Priestly document（Genesis 1.1 – 2.4a）和 the Yahwist document（Genesis 2.4b – 25）。简短讨论，参 Von Rad, *Genesis: A Commentary*, London: SCM, 1963, section 1 – 3。
② 施特劳斯区分第一个创造叙述为两部分的做法，并不多见。此外，他完全略过第七天的意思。在《瞧这个人》中，尼采对《善恶的彼岸》有一段说明。在这个说明的结尾处，尼采评论道，"正是上帝自己，结束其白天工作之时，变成一条蛇盘在知识树底下。并由此，他重新作为上帝……他把一切都造得太美了……魔鬼只不过是上帝在那第七天无所事事的状态。……"

上生发的植物（第三天）。第二部分的被造事物依次为天体（第四天）、水生动物和鸟（第五天）、陆生动物和人（第六天）。施特劳斯根据什么原因分上帝六天创世叙述为两部分？或者，什么东西把两个部分明显地区分开来？

头三天所造的都是各自分别的事物。所以，施特劳斯以为，第一部分所依据的原则为分离或者区别。有些所造事物没有自身的位置（比如说，光），有些则为一大片区域（比如，地）。与此不同，从第四到第六天上帝所造的造物全都可移动。所以，第二部分的根本原则乃是位移。位移不只是简单的分离，而是更高层次上的分离。位移不单意味着一物别于另一物，而且意味着一物可以分别自身和自身所在的位置。根据这个原则，第二部分的造物有些可以改变位置（天体），有些可以改变活动路线（动物），有些则可以改变"方式"（人）。接下来的问题是，所有这些分析和哲学有什么关系？我们前面提到，施特劳斯认为，第一个创世叙述意在暗中贬抑哲学的主题，也即，贬抑天的意义。因此，我们需要考虑，施特劳斯如何从《创世记》中读出这个意思。我将分四点事实来概括施特劳斯的解释。首先，光造于太阳之前；其次，植物世界造于太阳之前；再次，起初是上帝而不是人；最后，创世的宣称和对世界的解释。

2.2 光先于太阳而造

第一个创造叙述的前半部分以光的创造起头，后半部分以太阳的创造开始。一般人都知道，太阳是人类生活最为重要的光源。光和太阳有紧密的亲缘关系。但是，在《创世记》的创世叙述中，最初的光并非来自太阳这个最为重要的天体，因为太阳的创造要等到第四天。光是最初的造物，然后万物皆因光而显分别。如果最初的光不是来自太阳，那么它到底是什么样的光？施特劳斯提醒道，我们还知道一种光不同于太阳光，即闪电。但是，施特劳斯并没有进一步解释，如果最初的光类于或者就是闪电，那么闪电在此又意味着什么。他只是点到，"圣经之说光和圣经对闪电的理解有关系"（*OIG*，368）。施特劳斯没有细讲两者之间的关系。据我理解，施特劳斯显然在说，从圣经角度来看，较之太阳光，闪电光对人的生活更重要。这是圣经对太阳的态度。而在自然人看来，太阳自然是最为重要的光源。圣经显然不这么看，从这么一句经文也可看出："日光之下，并无新事。"①

从现代人的角度来看，太阳光是自然光，闪电光也是自然光。我们这里的问题是，根据圣经，闪电光又从哪里来？或者，圣经如何理解闪电？为理解这个问题，需要求助圣经。圣经中首次提到闪电，见于《出埃及记》一书。在那里，闪电是上帝降临西奈山的一个标志："在山上有雷轰、闪电和密云，并且角声甚大，营中的百姓尽都发颤。"在这个描述中，有两点值得注意。一是闪电和雷轰一样，都是上帝降临的标志②，类于闪电和雷轰之伴随宙斯神。别处经文还提到，上帝"发响声震遍天下，发电光闪到地极"。③ 二是闪电，以及雷轰，造成以色列百姓畏惧上帝。如《诗篇》所云，上帝的闪电"光照世界，大地看见便震动"④。这样，我们便可以明白施特劳斯想要通过闪电说明什么。施特劳斯指出，根据圣经，对上帝的畏惧是智慧的开

---

① 《传道书》，1：9。比较斯宾诺莎《神学政治论》，温锡增译，商务印书馆1996年版，第105页。
② 比较《出埃及记》，20：18；《约伯记》，28：26，37：3—4。
③ 《约伯记》，37：3。
④ 《诗篇》，97：4。

端。圣经对智慧的理解不同于希腊哲学对智慧的理解,后者认为诧异乃是智慧的开端①(*POR*? 109;*J&A*, 379—380)。这样,我们可以总结,施特劳斯强调光以及白天早于太阳被造这一叙述,旨在表明,圣经经文乃精心写就,以捍卫顺敬上帝的生活,并反对哲学起于诧异的观天之思。在施特劳斯看来,这说明了为什么在圣经中光造于万物之先。这初始之光源于上帝,而非太阳。②

2.3 植物先于太阳而造

在这个创世叙述中,光造于太阳之先,植物也造于太阳之先。施特劳斯提到,这是一个非常棘手的问题,甚至是第一个叙述中"最大的困难"。但是同样地,他没有明确解释为什么在这个叙述中植物造于太阳之先。这个问题他依然是引而不发,不过,还是有迹可循。

首先,他将这个问题与光造于太阳之先的问题同时提出来(See *OIG*, 363)。其次,他指出,这个叙述的前半部分和后半部分有一种平行关系。两部分各三天。第一部分叙述始于光的创造,第二部分始于太阳的创造。每个部分皆以一种双重创造结束。第三天,植物世界继地和海被造;第六天,人继动物被造。最后,他指示我们注意,植物先于太阳被造,如此叙述的原因在于前半部分叙述所依据的原则是分离,后半部分所依据的原则为位移。他强调,"正是由于这个原因,由于这个非常重要的原因,植物世界先于太阳;植物世界没有位移"

---

① 这个说法源于苏格拉底对泰阿泰德所说的话。参柏拉图《泰阿泰德》,严群译,商务印书馆1964年版,155D:"疑讶之感原是哲学家的标志,此外,哲学别无开端。"
② 斐洛解释第一个创造为无形相宇宙的创造,与此相应,解第一缕光为"源始的智性之光"。参 Philo, *Works*, trans. F. H. Colson and G. H. Whitaker. London: Heinemann, 1971, p. 43. 基督教通常解此光为智慧本身,也即神子耶稣基督。

（*OIG*, 365）。指出这一点之后，他就放下这个问题不管，转而讨论位移，所以没有进一步说明，为什么位移乃是理解植物先于太阳被造的关键。如何理解这个关键？

应牢记在心，施特劳斯以为，《创世记》第一章的写作意图在于贬抑哲学的主题，即天。[①] 我们已经说明，光先于太阳被造说明了这种意图。在圣经中，初始之光来自上帝的闪电，它光照世界，遍洒地极，并引起畏惧感。圣经因此教导，人应当接受神圣光照引导，而过顺敬上帝的生活。因此，较之上帝的闪电光，太阳光黯然失色，太阳以及其他光体因此皆不值得崇拜。天以及天上的天体却正是哲学的沉思对象，故此圣经通过强调光和白天优先于太阳而贬抑哲学的主题。

现在，我们来看，施特劳斯缘何把植物之先于太阳而造和光先于太阳而造这两个叙述连在一起。原因看来还在于，圣经叙述要轻描淡写天和天体的重要性。指出这一点之后，接下来需要考虑这个叙述两部分的平行关系和位移问题。光造于头一天，太阳造于第四天。前半部分始于造光，来自上帝闪电的光，后半部分始于造太阳和其他光体。前半部分叙述终于植物世界的创造，施特劳斯喻之为"大地的肌肤"（*OIG*, 364）；后半部分叙述终于人的创造，这个创造乃是依照上帝的形象。植物世界为大地的肌肤，因为它依附于大地。可以说，植物世界坚定地立足于大地。

[①] 根据奥古斯丁的解释，圣经第一句中的"天和地"为"无形的质料"。（Augustine, *On Genesis*, 58-59.）第二天所造的天则是苍穹，它将可见事物的有形质料从不可见事物的无形体质料分离出来。（64.）第四天所造的天体则用以别日夜，明季节。（69—70.）施特劳斯的解读没有涉及天在创造过程中的不同意义。他将光的创造和天体的创造两相对照。根据冯拉德，天体星辰后于光而造，乃因为圣经要强调天体星辰的被造性："星辰绝非光的创造者，它们只不过是一种光的中间传送体，那光无需它们，而且于它们〔被造〕之前就已经在。"（Von Rad, *Genesis: A Commentary*, London: SCM, 1963, 54.）

然后，我们来看后半部分叙述的结构。这一部分叙述始于太阳之造，终于人之被造。据施特劳斯分析，这一部分的原则乃是位移。叙述前半部分的造物全属不能运动位移之物。与此不同，叙述后半部分的造物都能够离开或者移动自己所在的位置。后半部分叙述中，越后造之物，其位移能力越强。所以，有一种位移能力渐强的弧线。太阳和天体能够改变其位置，但不能改变运行轨迹；动物既能改变位置又能改变路线；处于顶点的则是人，不仅能够改变位置和路线，还能改变"方式"（*J&A*, 383）。因此，可以说，人能够在最大程度上脱离他的既定处境。人的这一能力，施特劳斯名之为自由（*J&A*, 371）。

据施特劳斯分析，位移乃是更高一级的分离，最高意义上的位移乃是自由。这种位移及其极致乃是依附大地的植物世界所没有的。现在，我们再看前后两部分的平行结构。前半部分叙述终于植物世界的创造，继地和海于同一天被造。植物世界乃是大地的肌肤，大地因上帝的命令而生长植物。后半部分叙述终于人之创造，继动物于同一天被造。人能够在最大程度上脱离其既定情况。植物世界之为大地的肌肤，属于大地，人则因上帝形象而造而统辖全地。不可忽略，前半部分始于来自上帝的光，后半部分始于太阳。《创世记》首章的叙述意图在于贬抑哲学的首要主题。将所有这些因素放在一起综合考虑，我认为可以得出如下结论，施特劳斯分此叙述为两部分的意图在于，凸显两种生活的对立，即顺敬生活和自由生活。因此，圣经强调植物世界之先于太阳被造，同强调光先于太阳被造一样，目的在于表明，顺敬生活优于自由生活，犹如上帝的电闪先于阳光。人之脱离其〔习惯〕"方式"在圣经看来乃是离开"正道"（*OIG*, 366）。

2.4 起初是人还是上帝

"起初，上帝创造天地。……"如何理解这个起初？这个起初叙述意味着什么？是理性叙述还是神话叙述？显然，圣经的创世叙述并非对世界的科学解释。那么，是否为神话解释？从一种现代宗教研究眼光来看，圣经中有许多神话描写，这些描写更多地源于人类想象而非坚实的理性。与这种自由眼光相对，另一个学派坚持，坚信上帝创世恰恰因为这个叙述是荒唐之言，因而不可在理性的范围内得以明白。双方立场都不能令施特劳斯完全满意。施特劳斯以为，"圣经理性地（reasonably）起头"（*J&A*, 382）。另外，他还以为，"犹太教正统基于其更高的理性（rationality）声称自开始就优越于其他宗教（Deut. 4：6）"。（"PSCR"，30）

在什么意义上，可以说圣经理性地起头？施特劳斯通过对圣经起始语的评点来说明他的意思。一开篇，圣经就宣称，"起初，上帝创造天地。地是空虚混沌，……"施特劳斯的头一个问题是，谁在说这句话？圣经并没有涉及这个问题，因此不知道谁在说起初的事儿。假设上帝在说起初的事儿，但是这从文本本身来看也有问题，因为"上帝"在此以第三人称出现。也许起初的事儿，谁说并没有关系。圣经没有提及谁在说起初的事儿，不是毫不在意，而是深思熟虑的结果。但是，圣经的思虑是什么，相当难以琢磨。既不可假设是上帝在说，也不可假设是一个匿名作者在说，因为上帝造世之前还没有人，也就没有人能够说上帝造世以及之前的事儿。所以，施特劳斯说，"圣经的起始不易理解。它有些奇怪"。（*OIG*, 362）但是，施特劳斯不是又说，圣经理性地起头吗？既理性地起头又不易以理解之。到底该如何解释这个不易理解的理性起头？

我们不得不重新开始，承认不知道圣经开头是谁在说起初的事儿。但是这个不易理解的理性起头，既然是理性起头，那么总可以理解之。不能一下子从文本本身求解，不妨将其与其他文本对比求解。因此，施特劳斯试图通过与希腊哲学著作的文学特征相比较，以求"圣经的文学特征"。(POR? 120)希腊哲学家的著作都是个人著作，他"从他认为必要的起初起头，这个起初要么是简单的起初，要么是最好的起初，以引导人们达致他所以为的真理"。(POR? 120)在这个意义上，一本书是"艺术作品"，是对"生存事物的有意识模仿"。(OIG, 374)圣经则不是这个意义上的书。圣经根据"完全不同的规则"汇聚而成。(J&A, 394)从圣经角度来看，"人非起头者"，人"不主起头之事"；人在写作之前，"他已经碰到神圣篇章"，这些篇章"已经在延续一个极少变迁的传统"。(OIG, 374；POR? 120)在圣经看来，这些神圣篇章和这个传统的根源在于上帝。不是人而是神主起头之事。此乃圣经开篇之意，因而不提神圣篇章出自谁的手笔。

但是，上帝在圣经开头不是以第三人称出现吗？上帝创世之前又还没有人，到底谁在说起初的事儿？也许，需要换个问法，如何知道起初上帝创造天地这个事实？这个问题与律法书作者问题一样，如何知道律法书乃是上帝之言？对于这个问题，施特劳斯诉诸传统而答，"传统犹太的首要回答是，我们的父辈告诉我们〔如此〕，他们从他们的父辈得知如此，〔这样，〕一条因袭不断而可靠的传统之链一直回溯到西奈山"。(POR? 125)在《耶路撒冷和雅典》一文中，施特劳斯引述尼采以显示希伯来人与希腊人的不同特性："希伯来人的特性是极度孝敬父亲和母亲。"（J&A，378）[1] 这个说法的关键乃是诉诸传统，不同于希腊哲学诉诸自然的精神。传统乃是"我们的"传统，一代一代薪火相传以至"我们"。它是"我们的"生活方式，是正确的生活方式，"因为它是古老的，因为它是属己的"。（POR？112）这古老而属己的生活方式乃是"我们的"礼法（nomos）。因此，施特劳斯将礼法与自然（physis）之间的冲突看作耶雅紧张的一个方面。回到我们的问题，如何知道上帝创造天地这个事实？圣经的可能答案是什么？圣经教诲道，"你当追想上古之日，思念历代之年。问你的父亲，他必指示你；问你的长者，他必告诉你"[2]。因此，关于起初问题的回答：别追问起初的事情，当听你的父亲和长者。换句话说，别追问事情的自然，当接受世代因袭的传统教诲。

2.5 创世断言和世界解释

我们已经从施特劳斯得知，《创世记》断言，上帝创造天地；如此断言的意图在于宣示，是上帝而非人决定起初和如何起头。如果问，如何知道世界乃是被造，那么回答是"我们"从"我们的父亲"那里得知如此，"我们的父亲"则从他们的父亲那里得知如此。如此类推，因而可见一条可靠的传统，这个传统深信不疑，世界乃是被造。施特劳斯的解释似乎在说，圣经断言创世而没有给出任何解释，乃是有意为之，以确保起初的神秘性。传统教诲道，起初乃是上帝。这个起初乃是神秘，人类理性无力穿透。这便是圣经开头的理性和不

---

[1] 参尼采《苏鲁支语录》，徐梵澄译，商务印书馆1992年版，第55页。
[2] 《申命记》，32∶7。

易理解处。圣经并非随意起头，而是意在引领人们走上圣经教导的生活道路。

关于世界起初的断言断定世界的被造性，却没有说明，为什么世界是被造的而不是从来就在。不过，尽管世界的起初乃是神秘，《创世记》中所描述的世界构造，我们相当熟悉。上帝所造的事物，没有什么是我们不熟悉的，尽管圣经写在很早很早以前。天、地、水、植物、太阳、动物、人等等，所有这些都是人类日常生活所熟悉的。无论生活在几千年前还是几千年后，无论在地球的这个角落还是那个角落，都会撞到这些事物。不妨假设，人类生活中存在着某种永不变迁的结构。施特劳斯将这种常驻不迁的"人之为人的根本情况"叫做"现象世界"或者"恒久给定的整体"。这个人之为人的根本情况不会因时而变因地而易，而是无论何时何地人都要经验到的情况（*OIG*，361）。因此，施特劳斯得出一个结论说，"在这个意义上，圣经也确实从起初开始"。（*OIG*，368）这里所说的起初，指的是"现象世界"或曰"可见宇宙"。① 因此，尽管《创世记》断言世界的被造性，断言起初的神秘性，但被造世界本身乃是可见现象。所以，施特劳斯以为，创世叙述包含着一种宇宙论，也即对世界结构的说明。

根据施特劳斯的解释，可见宇宙由上帝形塑而安排造就，而非从虚无中创造而成。在上帝形塑整饬之前，地的原始形式为空虚混沌。此外，施特劳斯还敏锐地观察到，圣经根本没有提到天的原始形式。施特劳斯认为，这同样和创世叙述的意图有关，也即贬抑天

---

① 如前所及，斐洛将第一个创造解为无形体因而不可见世界的创造，第二个创造则为有形体因而可见世界的创造。（See n. 58.）

的意义。那么，如何理解这个塑形？同样地，施特劳斯没有给予任何进一步的说明，只是提了提塑形〔formation〕的字面意义（*OIG*，362）。如果创造乃是塑形，叙述者如此叙述的意图何在？我们可以通过施特劳斯论斯宾诺莎解《创世记》的文字求一答案。① 传统相信，律法书出自摩西之手。根据施特劳斯转述，斯宾诺莎对摩西的意图作如下解释。

摩西并没有明确教导从无创造；《创世记》第一和第二章似乎更多地表示，他相信上帝从预先存在的"混沌"塑成可见宇宙；关于创造天使或"别神"，他完全默而不语，这有力地说明，他相信上帝的力量确确实实凌驾于也绝对不同于其他存在的力量。用哲学的语言来表达摩西的思想，自然的力量（这他用"混沌"来意指，他将此理解为一种盲目的"强力或冲动"）与上帝的力量（一种理智的和整饬的力量）共生互存，因此自然的力量不依赖上帝的力量，但纯粹低于并臣服于后者。摩西教导，非被造的"混沌"在时间上先于整饬而就的宇宙，后者是上帝的作品，他认上帝为王（*PAW*, 199）。

从这段引文，可以得知三点。首先，整饬的宇宙乃从预先存在的混沌造就。其次，非被造的混沌，乃是自然的力量，它与上帝的力量共生互存。自然的力量是盲目的强力或冲动，上帝的力量则是理智的和整饬的力量。最后，自然的力量臣服并低于上帝的力量。

---

① 在《斯宾诺莎的宗教批判》中，施特劳斯显然将斯宾诺莎考虑作一个现代哲学家，与中古哲学家迈蒙尼德相对照。后来，施特劳斯对这个看法做了根本修正。一个明显的文本证据，见于《压迫和写作的艺术》的前言，那里他认可，斯宾诺莎是"最后的中古人"。另外一个重要的文本证据，见于施特劳斯1962年为《斯宾诺莎的宗教批判》英文本所写的前言结尾处，那里他写道，"现在我对《神学政治论》的读解不同于我年轻时候的读解。那时，我对斯宾诺莎的理解太过咬文嚼字，因为我对他的读解不够咬文嚼字之故"。

值得强调的是，自然，或曰混沌，或曰盲目的强力或冲动，与上帝的力量共生互存。如何理解这一点？这便是说，创造世界的过程即是上帝形塑那盲目强力的过程，而这强力从来不会完全消失，因为它与上帝的力量同生共存。形塑而成的世界有一凡人皆晓的根本结构，但是创世叙述并没有论证形塑或者创造本身。世界的根本结构，凡人皆知；然世界之被造，只有圣经信徒才晓。这也是圣经信徒的特别之处，正是这一特别之处使得他们能够超越人尽皆知的现象世界，超越宇宙论的视域："人若从来没有直接或者通过传统听到那言语〔即，上帝在何烈山通过摩西对以色列人所说的话〕，便要敬拜天体，或者说，便仍然停留在宇宙论视域之内。"（*OIG*, 370）

2.6　结语

我们前面分析了施特劳斯解读第一个创世叙述的要点，现在作一小结。根据分离和位移两个原则，施特劳斯把第一个创世叙述分为两个部分。我们主要通过四个要点探讨了施特劳斯对圣经写作意图的分析。首先，光先于太阳而造的叙述意在贬抑自然之光而推崇神圣之光。其次，植物世界先于太阳而造意味着，顺敬生活比自由生活更重要。再次，起初应根据传统来理解，这意味着，执着于地上的生活，也即"我们"久远相传的生活，比沉迷于观天之思更为重要，比哲人改变其生活"方式"的能力更为重要。最后，创世断言与世界解释之间的对照意在表明上帝的神秘，表明上帝的力量是形塑世界的指导性和决定性力量。所有这一切都说明，为什么施特劳斯说，第一个创世叙述意在贬低哲学的首要主题，以及"犹太教正统基于其更高的理性（rationality）声称自开始就优越于其他宗教（《申》，4：6）"。

这个更高的理性是什么？这种理性深明哲学对圣经的致命挑战，也即对圣经所教导的顺敬生活的挑战。这个创世叙述已经把对这种挑战的响应预先包含在内，这便是更高的理性。因此，圣经从一开始，便把贬抑天之意义作为一项重要任务，教导顺敬上帝的生活。为更清楚起见，不妨查看施特劳斯引作依据的《申命记》第四章第六节："所以你们要谨守遵行，这就是你们在万民眼前的智慧、聪明。他们听见这一切律例，必说：'这大国的人真是有智慧、有聪明。'"以色列人因谨守遵行上帝向他们陈明的律例典章，才为万民赞叹为有智慧有聪明。这律例典章中含有大智慧。

为更好地理解施特劳斯两分第一个创世叙述和他对耶雅紧张的分析，需要对两个要点再强调一次。第一，施特劳斯视生活习惯"方式"为"自然的前哲学对应物"（POR?, 112）。所谓"自然的前哲学对应物"是指与哲学思考的自然相对应的前哲学的既有生活"方式"，既有的生活方式依律例典章而定，故曰与"自然"（physis）相对应的礼法（nomos）。植物不可离开大地，这个关系可用来比拟"我们"和"我们的生活方式"之间的关系。第二，施特劳斯着重指出，分离和位移乃是《创世记》第一章的根本二元性，而唯一依上帝形象而造的造物有能力改变其生活方式。① 所以，根据施特劳斯的

---

① 关于依上帝形象而造的人，施特劳斯的讨论不够充分。这个人到底是什么样的人？哲人？从施特劳斯的读解逻辑来看，可以将这个人看作一个哲学家的形象。但问题是，如果这个处在创造系列顶端的人是一个哲学家，那么，岂非可以推想，圣经也隐晦地赞扬哲学，虽然它显白地鄙夷哲学？这是施特劳斯将第一个创造叙述一分为二的一个难点。施特劳斯的一个可能回答是，对哲学来说的上升，在圣经信徒看来是下堕。施特劳斯的解读明显地预先设定，神学和哲学、顺敬生活和自由生活彼此冲突。朋霍费尔则直接将肖似上帝与自由联系起来："人像造物主，因为他自由。"但是，他没有将此自由解为分离的能力，而是解为"为他者的自由"。参 Bonhoeffer, *Creation and Fall*, trans. John C. Fletcher. New York: SCM, 1959, p. 37。

解读，圣经创世叙述隐含着两种生活的对照，顺敬生活对自由生活。毫无疑问，圣经贬抑后一种而赞许前一种生活。出于这个原因，创世叙述有意不提天的原始型态，只谈及地的原始型态："地是空虚混沌。"① 施特劳斯以为，这说明了对圣经来说，地"比天更重要"（*J&A*，382）。创世叙述包含有一种宇宙论，但这个宇宙论的重要性不及世界的被造性。或如施特劳斯所言，对圣经作者来说，解说可见宇宙是"非主题设定"，创世叙述的主题为世界乃上帝创造（*OIG*，368）。可见宇宙乃是人所共知、人尽皆晓的世界结构。而在圣经作者看来，依靠现象世界的人之为人的生活，并不是正当的生活。但问题是，如果顺敬生活是正当的生活，人之为人的生活到底错在哪里？据施特劳斯解读，这是第二个创世叙述的主题。

第三章　论第二个创世叙述

3.1　引论

所谓第二个创世叙述，施特劳斯指的是《创世记》第二章中的造人叙述和第三章的后续事件：亚当夏娃的被造、堕落、上帝对他们的惩罚。施特劳斯对第二个叙述的解读同样也有语焉不详、引而不发之处，需要进一步解释。与前一章一样，这一章将突出施特劳斯解读中的若干要点，然后加以分析，以明施特劳斯的意图。第一个创世叙述止于造人，唯一照上帝形象而成的造物。第二个创世叙述始于造人。

---

① 施特劳斯的解读重点在于天和地的不同意义，因而没有太多解释地之原始形式的描述"空虚混沌"。朋霍费尔将此空虚与上帝的自由和创造联系起来，参 Bonhoeffer, *Creation and Fall*, 18 – 19。

不过，在第二个创世叙述中，人不是依上帝形象而造，而是由地上的尘土造成。这个事实暗示了两个创世叙述之间既有延续又有断裂。因此，施特劳斯说道，"这第二个叙述只是补足第一个叙述，但是也修正后者，因此与之相矛盾"（J&A，384）。

首先，第二个创世叙述在什么意义上延续第一个叙述所传达的意思呢？要回答这个问题，需要从施特劳斯以为的两个叙述的主题着眼。据施特劳斯之见，第一个叙述讲述了世界的来由，其叙述意图在于贬低哲学的主题，也就是贬低天的意义。第二个叙述讲述人类生活如何开始，其叙述意图在于贬低善恶之知，这个善恶之知指的是人"足以指导自己的生活的知识"①（OIG，371；J&A，384—385）。施特劳斯指出，第一个叙述的贬天和第二个叙述的禁吃知识树〔果实〕两者之间有关联（J&A，385）。那么，这是什么样的关联？施特劳斯却又引而未发。我们不妨换一个问法：天与善恶之知有什么关系？第一个叙述意在贬天，因为"它是哲学的首要主题"。第二个叙述意在贬抑"哲学的意图"。这样便很明白了，哲学的意图即是要知善恶，即要有足以指导人类自身生活的知识。那么，这个意图又如何与天相关，与观天之思相关？可从施特劳斯论希腊意义上的智慧找答案。从哲学角度来看，人"因仰观天文而明察人事"。因此，施特劳斯将哲学与"诱惑"，也即吃知识树之果，联系在一起（OIG，373）。所以，在这个问题上可以得出结论说，对施特劳斯来说，观天之思与吃知识树之果实两者同义。

---

① 和迈蒙尼德一样，施特劳斯解善恶之知为足以引导人之生活的知识。根据迈蒙尼德的解释，"你们便如上帝"这句话的意思是"你们便成为统治者"，管辖城邦。参 Maimonides, *The Guide of the Perplexed*, trans. Shlomo Pines. Chicago and London: The University of Chicago Press, 1963, p. 23, 中译本参见迈蒙尼德《迷途指津》，傅有德等译，山东人民出版社1998年版。

耶路撒冷抑或雅典？施特劳斯四论

正是在这个意义上，施特劳斯认为第二个叙述是对第一个叙述的补足。

那么，第二个叙述如何又是第一个叙述的校正和矛盾呢？第一个创世叙述止于人之创造，依上帝形象而造的人，另外这个叙述包含了人尽皆晓的宇宙论。第二个叙述始于造人，由地上的尘土而造的人。这是对前一个叙述的重要修正。在第一个叙述里，人处于被造世界的顶端。在第二个叙述里，人则造于低微（*OIG*，372）。[①] 问题是，这个修正意味着什么？在第一个叙述里，作者似乎只是暗中诋毁天这个哲学主题。换句话说，第一个叙述没有说，上帝明令禁止人仰观天文。但是，在第二个叙述中，上帝明确禁止人吃知识树上的果实。前面已经指出，第一个叙述暗中诋毁的观天之思和第二个叙述的吃知识树上的果实，两者同指。那么，为什么仰观天文在第一个叙述中没有被明令禁止，而吃知识树上的果实在第二个叙述中却是违禁之举？

施特劳斯没有直接提出因而也没有回答这个问题。他只是不动声色地描述两个叙述的异同之处，但没有解释这些异同的缘由。因此，施特劳斯似乎采取一种客观的姿态解读圣经。如果这种客观的姿态只不过似乎如此，那么为什么要用这个似乎如此来模糊他的态度？这个令人困扰的问题，留待后论。首先，需要分析施特劳斯如何解读第二个创世叙述。我们的分析从第一个叙述没有涉及的问题开始，也即，人性之暧昧。

[①] 施特劳斯没有解释"低微"这个词在这里是什么意思。当然，我们可以假设，较于依上帝形像而造的人，起于地上尘土的人造于低微，因为他有地上的尘土和来自上帝的生气组合而成。如果可以将此合成解读为肉体与灵魂的合成，那么堕落岂非可以相应地解释为灵魂想要与肉体分离？在斐洛的解读中，依上帝形像而造的人代表无形体的概念，为思想的对象，地上尘土所造的人则是灵魂和肉体的结合，为感知的对象。See Philo, *Works*, 107; *Questions and Answers on Genesis*, trans. Ralph Marcus. Cambridge (Mass.): Harvard University Press, 1979, book 1, section 4, 8。

3.2 人性之暧昧

施特劳斯的解读吁请读者注意，圣经首章有一个细微区分，即上帝称之为好的和上帝没有称之为好的造物之间的区分。除天和人之外，其他所有事物被造之后，上帝皆称之为好（OIG, 369）。为什么天没有被上帝称为好的？施特劳斯解释道，原因在于圣经首章的隐含意图，即对天的贬抑。人处于整个被造序列中最高的位置，为什么也没有被上帝称为好的？施特劳斯答曰，人没有被上帝称为好的，因为人是"最暧昧的造物"（OIG, 371）。

这是什么样的一种暧昧？施特劳斯说，这是关于善恶的暧昧性。那么，如何理解这关于善恶的暧昧性呢？施特劳斯论道：

> 人是最暧昧的造物；因此人没有被称为好，正如天没有被称为好。人之暧昧性，也即人本质上无处逃身的危险，和天以及天所代表的东西，两者之间有关系。〔天所代表的即是〕企图依据显明于人之为人者找到人的意义，也即企图像神一样拥有善恶之知（OIG, 371）。

归纳这句话的意思，有三点值得注意。第一，人之暧昧性被认为是"人本质上无处逃身的危险"；第二，天所代表的乃是企图"依据显明于人之为人者"以知善恶；第三，人之暧昧性和天及天之所代表有联系。第二和第三点证实了前文得出的一个结论，即第一个创世叙述暗中诋毁的观天之思与第二个叙述中禁止的吃知识树上的果实，两者同义。

现在，我们来考虑第一点，也即人之暧昧性。施特劳斯所谓的人之暧昧乃是有关善恶的暧昧。在第一个叙述中，依上帝形象而造的人有能力改变他的生活方式，可在最大程度上脱离其既定情形。我们得知，这个能力即自由。施特劳斯没有说明，这个自由是否与人依上帝形象而造这一事实有关。人依上帝形象而造，处于创造序列的顶端。人是所造事物中唯一自由的生物。人因之而造的上帝形象，或者自由，或可视作人之善端。但施特劳斯指出，在第一个叙述中，上帝没有称人为好。施特劳斯为何特别提出这一点？

人有能力改变其生活方式，我们已经讨论了这种能力的"好"的方面。那么，什么是人之自由的"坏"处？施特劳斯明确称人之自由为"巨大危险"，为"人本质上无处逃身的危险"。可以说，人之暧昧乃是人之自由的暧昧，人改变生活方式之能力的暧昧。正是这种能力使得人能够因仰观天文而有智慧，并依自身能力寻求他以为正当的生活。依人自身能力而求得正当生活意味着，他依其自身理性知道何为善恶。因此，可以得出结论，人之暧昧意味着，一方面，人是唯一自由的或曰唯一带有上帝形象的造物，另一方面，这自由可导致人仰观天文以求善恶之知。

但是，为什么自由或曰肖似上帝乃是"巨大的危险"，以及它是什么样的一种危险？为什么自由是危险的？对什么来说它是危险的，对顺敬生活还是对自由生活本身？问题较为复杂。然而在这些问题上，施特劳斯同样没有在其解读中详细说明。这里，我们暂时把这些问题的讨论放在一边。但是，有一个事实需要提及，即对圣经来说天代表着"企图依据显明于人之为人者找到人的意义"。这便是说，《创世记》第二章所禁止的知善恶意味着依"显明于人之为人者"而知善恶。前一章，我们已经论到，从圣经角度来看，根据显明于人之为人者的生活不是正当的生活。考虑到这一点，可以说，正是自由使得人能够偏离正当的生活道路，改变代代相传而来的生活方式。不过，施特劳斯没有解释人的自由源自何处。如果人之自由与上帝的形象有关，或者与上帝吹入人之鼻孔的气有关，那么它便是上帝的恩赐。这是一个令人困扰的问题。一方面，自由使得人处于创造序列的顶端，或曰，人因此自由而最亲近上帝。另一方面，这自由又是危险的，人因自由而欲观天文，欲知善恶。如果自由乃是灵魂的能力，是否意味着，上帝禁止灵魂离弃肉身，离弃大地？①

3.3 人的原初处境及其堕落状态

人因违犯上帝的禁令而被逐出伊甸园。因此，人之犯禁有如一道分水岭，区别了伊甸园中的生活和堕落后的生活。现在，我们来看，施特劳斯如何解释这两种生活的差异。三个要点值得注意。第一，伊甸园里的生活被称作人的"原初状态"或"原初状况"，以别于"人的现今状态"，也即，堕落之后的生活。第二，人的原初状态被刻画为"优裕自如的状态"，而现今状态则需要雨水并要辛苦劳作。第三，施特劳斯暗示了圣经将这两种生活状态如此对照的原因。

施特劳斯强调原初和现今状态两者的区别，意图为何？或者，根据施特劳斯的解读，圣经作者为什么要如此区别？在《前进还是回头》一文开篇处，施特劳斯解释道：

---

① 朋霍费尔在其解读中强调，人与大地的紧密关系"属其本质存在"。"人的肉体不是他的牢狱，不是他的外壳，不是他的外表，而是人本身。人不'拥有'一个肉体，不'拥有'一个灵魂；毋宁说，他'是'肉体和灵魂"。（Bonhoeffer, *Creation and Fall*, 46.）

悔悟是回头，意为从错误的回到正确的生活道路。这意味着，步入歧途之前，我们曾在正途。我们原初在正道上；偏离，或曰罪，或曰缺陷，并非原初。原初，人安居于其父亲的房宅。由于疏离，由于有罪的疏离，人成了一个陌生人。悔悟，回头，乃是回家（*POR*? 87）。

不难看出，人之原初状态乃是正当的生活状态，安居于其父亲的房宅。现今状态则是误入歧途的生活状态，其原因在于人的疏离，也即，吃知识树上的果实。接着，施特劳斯引述《以赛亚书》首章中的一段经文，以明确人之原初状态乃是"公义之城"，也即"忠信之城"。他处，施特劳斯还把人之原初状况描述为"童稚简朴、敬顺上帝"的生活（*J&A*，385）。① 这个描述可令我们回想起依地而生的植物世界的状况。前面我们已经指出，植物世界代表着顺敬生活的情况。因此，原初状态与《创世记》首章植物世界所代表的生活状态同义。指出这一点之后，我们再来分析人之现今状态。显然，从圣经角度来看，人之现今状态乃是失足之生活状态。堕落之后，人类生活需要雨水并要辛苦劳作。伊甸园里的生活无需雨水和辛劳，因为有河水滋润那园子，园中又有各样树上的果子，可随意食用。施特劳斯解释道，堕落后人之需要雨水这一事实，说明了人原初安居其父亲的房宅的时候，天没有重要性可言，因为雨水从天上来。堕落之后，人不得不辛苦劳作，才能从地里得吃的。因此，"大多数人〔所过〕的生

---

① 依上帝形象而造的人如何生活？转而讨论尘土所造的人之后，施特劳斯没有再提依上帝形象而造的人。能否将其可能的生活状态与伊甸园中的生活状态联系起来？斐洛解之为无形体之观念。朋霍费尔则将之等同于尘土所造的人："上帝依其形象也即其自由而造的人，即是由尘土而成的人。"（Bonhoeffer, *Creation and Fall*, 46.）

活乃是耕田种地的农夫生活"（*OIG*, 371）。需要雨水和辛劳的生活，是所有人都熟悉的生活。换句话说，现今状态的生活代表着人尽皆晓的生活状态。施特劳斯对吃知识树上果实的描述证明了这个看法，他认为吃禁果意味着"企图依明于人之为人者找到人的意义"。因此，可以得出结论说，伊甸园中的生活是依照神圣智慧之光的生活，依照上帝力量的生活，与此相对照，堕落后的生活乃是依照人类智慧之光的生活，依照自然力量的生活。

如此，我们可以指出两个创造叙述之间的一个平行关系。第一个叙述中，植物世界根系大地，不可脱离大地，是大地的皮肤；第二个叙述中，伊甸园中的生活同样依赖大地，地上的河流滋润园子，地上各样树上的果子，可以随意食用。第一个叙述中，植物世界先于天上的太阳而造；第二个叙述中，人之原初状态先于需要天降雨水的堕落状态。第一个叙述包含对世界的说明，这个说明凡人皆晓。第二个叙述包含"对人类生活的一个说明"（*OIG*, 371），这个说明同样尽人皆知。但是，第一个叙述着重于区分两种生活，没有直接褒贬；第二个叙述则直接挑明了，企图过自由生活或依照自然之光的生活，后患无穷。在这个意义上，第二个叙述也是第一个叙述的延续，它申述了第一个叙述尚未明言的意思。

现在，我们来考虑本节的第三个问题也是最后一个问题。为什么原初状态的生活优裕自如，而堕落后的生活却是穷乏困苦？施特劳斯解释道："如果人从一开始本质上就穷乏，那么他被迫地，或者轻言之难抵诱惑，成为冷酷的、无情的、不义的人；由于穷乏之故，他便无需为其缺乏仁慈或公义而负全责"（*OIG*, 371—372）。这便是说，如果原初状态下人困苦穷乏，他可为其缺乏仁慈和公义卸责。再进一步,他甚至可理直气壮地申辩其冷酷无情和不义。出于这个考虑,圣经必须刻画人的原初状态为优裕自如的生活。堕落之后,人需要雨水和必须辛苦劳作,这是因为人触犯了上帝的禁令,这禁令本不难遵循。如此,人本身要为地上的冷酷、无情和不公负起责任。为找回逝去的好生活,人不得不悔悟、不得不回头。

为更清楚地理解这个立场,不妨看看与此截然相反的现代哲学论述。现代哲学关于原初状态的典型假设,莫过于霍布斯之视原初状况为一切人反对一切人的战争状态。这一假设认为,原初,人生活在穷乏困苦之中,任何人都可能是另一个人的敌人。因此,人面对死亡尤其是暴力死亡的威胁。为自我保全计,人不得不努力使自己免受暴力死亡的威胁。[1] 从这个角度来看,人的原初状态为前政治的状态,也即,人尚未进入政治生活,因此无所谓公义或者不公义。"是和非以及公正与不公正的观念在这儿都不能存在。"[2] 为克服对暴力死亡的恐惧,为达致地上的永久和平,人不得不转让自己的部分自然权利给一个共同的政治权力。因此人按约放弃管理自己的权利,并将这权利授予一个绝对主权,一个有死的上帝。[3]

在这一点上,黑格尔与霍布斯立场一致。根据黑格尔,人之原初状态是"动物状态;事实上,天堂($\pi\alpha\rho\acute{\alpha}\delta\epsilon\iota\sigma\sigma\varsigma$)原本为一个动物园(*Tiergarten*);这种状态下,不存在任何责任"[4]。成为人意味着超越动物状态。动物状态或者原始状态事实上是"野蛮的,另一方面,

---

[1] 霍布斯:《利维坦》,黎思复、黎廷弼译,商务印书馆 1996 年版。参见第十三章"论人类幸福与苦难的自然状况"。
[2] 霍布斯:《利维坦》,黎思复、黎廷弼译,商务印书馆 1996 年 [1985 版],第 96 页。
[3] 霍布斯:《利维坦》,黎思复、黎廷弼译,商务印书馆 1996 年 [1985 版],第 131—32 页。
[4] Hegel, *Lectures on the Philosophy of Religion*, (one volume edition) ed. P. C. Hodgson, trans. R. F. Brown, et al. Berkley: University of California Press, 1988, p. 214.

思想上原始的东西乃是概念，概念通过摆脱其自然形式而实现自身"①。因此，在人性方面，动物状态即是自然人性。这可比作思想的第一个抽象阶段，也即概念。概念是抽象的、空的和尚未确定的。在黑格尔看来，自然人性那里不存在善恶分辨和知识。根据黑格尔的分析，内在而言，人自然为善，因为人是精神的人，依上帝形象而造。同时，外在而言，人自然为恶，因为人性束缚于其自然，受缚于任性的意志和直觉，因为"它是自然之物"②。吃知识树上的果实是为了超越人性的自然状态，从而为善为恶。相应地，抽象概念不得不克服自己的抽象性而成为确定的概念。这种自我确定乃是迈向精神自我完成的必要步骤。黑格尔辩证法的顶点是自我和解了的绝对精神。

因此，对霍布斯和黑格尔来说，人之原初状态是动物状态，是前政治的状态，甚至是前人类状态。人据其自己的意愿进入政治状态，不带任何传统、语言或出身的色彩。现代国家的理想设计是一个人人平等的政治世界。如此设计的原本目的在于，通过将宗教信仰归为私人事务而去除人间的宗教冲突，通过建立一个普天同质的世界而赢得族群之间的永久和平。

在现代哲学设计中，从原初状态到政治状态的过渡乃是进步而非堕落的过程。而且这种进步是理智和社会两方面的同步前进。这是现代哲学为克服地上的罪恶所设计的道路。对古代哲学家来说，克服罪

---

① Hegel, *Lectures on the Philosophy of Religion*, (one volume edition) ed. P. C. Hodgson, trans. R. F. Brown, et al. Berkley: University of California Press, 1988, p. 215.

② Hegel, *Lectures on the Philosophy of Religion*, (one volume edition) ed. P. C. Hodgson, trans. R. F. Brown, et al. Berkley: University of California Press, 1988, p. 440. 对黑格尔辩证法和恶之问题的反思，参 William Desmond, *Beyond Hegel and Dialectic*, Albany: SUNY, 1992. Especially chapter four, "Dialectic and Evil, On the Idiocy of the Monstrous".

恶主要与洁净灵魂相关，因此，如施特劳斯指出，关于进步的古典论述，其重点在于理智进步而非社会进步（POR? 96）。对圣经来说，吃知识树上的果实显然为堕落和退步，自然谈不上什么进步。这一简单对照有助于说明施特劳斯解读原初和堕落状态的思想大背景。然后，我们需要进一步查考，根据施特劳斯的解读，《创世记》如何贬斥哲学的意图，即欲知善恶。

3.4　堕落：吃知识树上的果实

人由于自身之故失去了伊甸园中优裕自如的生活。人自身对这一失去有责任，于是不得不过需要雨水和辛劳的生活。两种生活的转折点无疑为吃知识树上的果实。为了搞明白哲学的意图如何受到贬损，需要考察堕落的过程及其意义。本节主要分别讨论女人、蛇、女人和蛇的对话三个问题。

首先，来看女人在堕落过程中的角色。在第二个创世叙述中，人的堕落从女人开始，她因受到蛇的诱惑而堕落。在伊甸园中，人过着优裕自如的生活。但是，这个叙述没有提及人是否感到孤单、厌倦和需要伴侣。不过，第一个人确实欢迎女人的出现，并称她为自己"骨中的骨，肉中的肉"，并因此人离开父母而与妻子连合。于是，我们的问题就来了。安居于父亲的房宅中，人不是过着一种更好的生活吗？为什么却要说明，人要离开父母，而与他"骨中的骨，肉中的肉"连为一体？女人被造之前，谁又是人的"父母"？[1]

---

[1] 朋霍费尔如此回答这个问题："我们自己就是在说话的亚当。我们有一个父亲和一个母亲，我们知道男女爱恋中互属对方的特别性，但是对我们来说，这一知识已经完全被我们的罪咎所糟蹋和摧毁。"（Bonhoeffer, *Creation and Fall*, 62.）

因此值得注意，见到女人之后，人便离开父母。同样要注意，人"原本安居于父亲的房宅"（*POR*？87），以及"希伯来人的特性是极度孝敬父亲母亲"（*J&A*，378）。从这个角度来看，创造女人似乎与圣经主张的正当生活相矛盾。正是女人才开始触犯上帝禁吃知识树果实的命令，正因为要和女人连合，人才离开父母。上帝在人沉睡的时候创造女人，难道说上帝认为，离开父母与其妻子连和，对人来说更好？在造女人之前，上帝曾用土造成各样飞禽走兽做人的伴侣。但这些都不是人所满意的伴侣。上帝把这些造物带到人面前，人叫它们什么，它们便有了名字。人给这些造物命名，但他没有像欢迎女人那样来欢迎这些造物。① 正是女人的出现，造成人离开父亲的家，或者如常言道，正是女人造成了人的堕落。但是，为什么是女人？这个叙述令人困惑的是，上帝一方面禁止人吃知识树上的果实，另一方面又趁人熟睡之时为他创造了女人，创造了堕落的起因，做他的伴侣。带着这些问题，我们不妨考察，女人如何开始犯禁。

要考察女人如何开始犯禁，便离不开我们要考察的第二个问题，即蛇在堕落中的角色。女人使人陷于不敬，但是最初的动议出自蛇。那么，什么原因使得蛇引诱女人陷入不敬呢？施特劳斯分析道，因为蛇是"狡猾的，也即有下智，即一种天生的恶意；如果没有包括天生性好作弄的东西，那么上帝所造的万物便不完善"（*J&A*，386，also

---

① 冯拉德将此茕独 Solitude 解释为"无助"。（Von Rad, *Genesis*: *A Commentary*, London: SCM, 1963, 80.）与此类似，朋霍费尔解释性别为"我们互属对方的最终实现"。根据朋霍费尔的解释，女人的创造意味着另一个人的创造，而这个人是上帝为我所设置的界限。而且，"由于另一个人的创造，自由和被造性在爱中连在一起"。（Bonhoeffer, *Creation and Fall*, 61, 63.）与此相反，施特劳斯的解读更多地强调男人和女人的地位不同。斐洛也强调男人和女人之间的不同角色，但是他的解读方法不同。根据斐洛的解释，男人连合女人意味着，心灵成了感知的奴隶，并因此之故，心灵使自己融入了感知，也即，融进了激情的动因。（See Philo, *Works*，256－257.）

384）。这个解释并不是很清楚，需要仔细琢磨。首先，蛇是狡猾的，比田野一切的活物都要狡猾。说它狡猾，是因为它拥有智慧，尽管这智慧在圣经看来不过下愚之智。其次，这下愚之智是一种与生俱来的恶意。最后，下愚之智的存在，是因为上帝所造万物包含着天生性好作弄的东西。这三点容易看出，但是施特劳斯没有说明，为什么可以这样解释。

最令人好奇的是，蛇所拥有是什么样的智慧。当然，施特劳斯解释说，这是一种下愚之智。然而，无论这种智慧如何低下，它毕竟是一种智慧。蛇拥有的是下愚之智，那么应该有一种与此相对应的高明之智。这里所用的"智慧"一词，令人回想起施特劳斯所论圣经智慧和希腊智慧之间的对比。前已提及，施特劳斯强调，圣经智慧源自对上帝的畏惧，希腊智慧则始于诧异之感。而且，"两者皆自诩为真智慧，因此否认对方为严格和最高意义上的智慧"（J&A，379）。依我之见，施特劳斯说蛇拥有的智慧为下愚之智，他的意思是说这是一种哲学智慧。在圣经意义上的智慧看来，哲学智慧乃是下愚之智。①

蛇乃是田野一切活物中最狡猾的。从施特劳斯的解释来看，在蛇被造之前，蛇所有的智慧必定已经以某种方式存在。因为施特劳斯说，"如果没有包括天生性好作弄的东西，那么上帝所造的万物便不完善"。但问题是，为什么造物必定包含天生性好作弄的东西？我们可以回顾施特劳斯关于创造的说解。创造乃是塑形。第一个创造叙述表明，地的原始形式乃是空虚混沌。上帝将预先存在的非被造的"混

---

① 斐洛的解读完全不同。他认为，蛇象征着快乐或者欲望，它使得心灵（男人）和感知（女人）走在一起，"以理解精神知觉和身体知觉的对象"。（See Philo, *Works*, 269.）

沌"塑形而成世界。这种预先存在的非被造的混沌是自然的力量，它与上帝的整饬力量共生互存。从这个角度来考虑，这种与生俱来的智慧与自然的力量有关。因此，我们可以断定，第二个叙述中的蛇之下智意味着哲学智慧，哲学智慧与自然力量有关。从圣经角度来看，这种智慧是天生的恶意。显然，施特劳斯对圣经的解读，其指导思想乃是圣经智慧和希腊智慧的对照、耶路撒冷和雅典之间的紧张。

明白女人和蛇在堕落中的角色之后，我们最后考察堕落过程的开始，也即蛇和女人之间的对话。首先，蛇问女人，是否上帝禁止他们吃园中所有树上的果子。施特劳斯解释道，通过问这个问题，蛇的意思是想说，上帝的禁令可能不怀好意，或者说是根本不可能遵循的禁令。[①] 女人的回答校正了蛇的问题，她说他们可以吃园中树上的果子，唯有园当中那棵树上的果子除外。施特劳斯指出，女人的回答还夸大了上帝禁令的严厉，因为她告诉蛇，上帝曾对他们说，〔园中树上的果子〕你们不可吃，也不可摸，免得你们死。施特劳斯的解释点出三个地方值得注意。第一，提及园当中那棵树的时候，女人没有明白指出那是知识树。她也可能指生命树，因为园中有两棵树。第二，上帝禁止人吃但并没有禁止人碰知识树上的果实。第三，女人的回答声称上帝也曾对她说话，但事实上，上帝是在创造女人之前向人宣布这条命令的。不过，她显然知道这禁令。那么，女人如何得知这禁令？对于这个问题，施特劳斯只提了一句话："她肯定只有通过人类传统得知这神圣禁令。"（*J&A*, 386）也就是说，她可能从她丈夫或者从她

---

① 冯拉德也指出，蛇的问题彻底歪曲了上帝的话。他强调，"蛇既没有说谎话也没有说真话。"（Von Rad, *Genesis: A Commentary*, 85, 87.）

丈夫的父母那里得知这回事儿。人并非自然就知道上帝的禁令，而是通过代代相传的传统才知道。但这解释还是有问题，即，在第一个人之前何来世代?①

女人回答这问题后，蛇接着向女人肯定地表示，他们不会因此而死。它说，"因为上帝知道，你们吃的日子眼睛就明亮了，你们便如上帝能知善恶"。关于这句话，施特劳斯的解释我们同样要注意三点。第一，施特劳斯以为，蛇以此暗中质疑上帝的真诚。第二，蛇对女人说，他们不会死于知善恶。第三，我们不知道，蛇本身是否相信它对女人所说的话，以及是否免于死亡对"犹如孩童之人"（J&A，386）是一件好事儿。施特劳斯所用"真诚"（veracity）值得注意。这个词说明，拥有下愚之智的蛇质疑上帝的真诚，也即，质疑上帝对人所说的是否为真，而非质疑上帝所说的对不知善恶的人是否为好。上帝对人所说的，世代相传而为传统。因此，可以说，人类传统对蛇来说是可疑的。蛇开口与女人说话之前，人和女人也许从来没有想过，人可以质疑上帝的真诚。经蛇指点或怂恿之后，女人"见那树的果子好作食物，也悦人的眼目，且是可喜爱的，能使人有智慧"，然后她便摘了果子来吃。此处，施特劳斯引述了这句经文，然后接着讨论人的堕落（J&A，386—387）。鉴于此句意思对于理解施特劳斯这个解读十分重要，不妨于此稍作停留。

事实上，在吃那树上的果子之前，女人已经对善恶好坏有意识，已经知道那果子"是可爱的，能使人有智慧"。正是这种知引导她摘了那果子来吃。显然，吃禁果之前，人并非全无知识，只是不知善

---

① Cf. n. 77.

恶。那时，人或许满足于园中的简朴生活，闻所未闻蛇之怂恿。而蛇的怂恿使人有了完全不同的观看方式。如果说，此前人在神圣之光中观看事物，现在人看到另一种光照下的事物。既然第二个创世叙述目的在于贬抑哲学的意图，那么不难推论出，这种不同的观看乃是哲学观看。女人看见那树上的果子好作果实，也悦人眼目。这"悦人眼目"值得进一步考虑。① 然而，发现知识树上的果子悦人眼目的观看，从圣经角度来看，是需要禁止的观看。

为了更清楚地理解这种观看，这里拟借助海德格尔关于哲学与观看的论述。据海德格尔分析，早在希腊哲学中，知识就被认为是"乐于观看"（*Lust zu sehen*）。指出知和看的渊源之后，海德格尔重新解读了亚里士多德《形而上学》的开篇之句。关键在于，通常解作"求知"之处，海德格尔解为"看之烦"（*die Sorge des Sehens*）。而且，这种看之烦与整个西方哲学的基础相关。② 海德格尔当然是要解构这个基础，尤其是要解构现代哲学的主体性。但是，解构不是要摧毁，而是要带来一种新的观看，或者说带回到一种被遗忘已久的观看。海德格尔对存在者及其存在的现象学理解想要思考于其中显现和公开自身者。现象意味着就其自身显示自身者，公开自身者。③ 后来，海德格尔更是直接将现象与自然（*physis*），也即存在之无蔽，联系起来。④ 从这段简短分析可以看出，海德格尔对哲学本身的思考，对于

---

① 比较奥古斯丁《忏悔录》，周士良译，商务印书馆1991年版，卷十章35。
② 海德格尔：《存在与时间》，陈嘉映、王庆节译，生活·读书·新知三联书店1987年版，第207—208页。
③ 海德格尔：《存在与时间》，陈嘉映、王庆节译，生活·读书·新知三联书店1987年版，第36页。
④ 海德格尔：《形而上学道论》，熊伟、王庆节译，商务印书馆1996年版，第99页以下。

理解施特劳斯的圣经解读，不无启发之处。

前已提及，哲学观看所遵循的乃是自明于人之为人者。受惑于眼目之悦，女人摘了那树上的果子来吃。她还把果子给他的丈夫，他也吃了。于是，果然如蛇所言，他们的眼睛就亮了，因而也看到赤身裸体不好。施特劳斯评论道，女人"使得人的堕落无可避免，因为他与她连合一体"（*J&A*，387）。施特劳斯的解读指明了，在圣经作者看来，哲学观看根本上乃是叛逆。如前所论，如果哲学观看与灵魂脱离肉体、脱离大地的企图有关，那么这种叛逆性的自由岂非天赐？如此，依据施特劳斯的解说，圣经有意贬损能够位移的造物，为了维护扎根于大地的造物及其生活方式。这岂非是说，圣经为了较低劣的而贬抑较高尚的？或许，可以如此为施特劳斯辩说道：哲学以为较高尚的，在圣经则为较低劣的。但是，施特劳斯的解说却又强调，人是整个被造世界最顶端的造物。这是施特劳斯圣经解读中一个令人目眩的迷团。

3.5 善恶之知和上帝的责罚

女人和他的丈夫吃了知识树上的果子之后，如蛇所言，他们的眼睛就明亮了，像上帝一样能知善恶。这里，需要对善恶之知本身稍作考察。① 人离开父亲的家而与女人连为一体，因吃了女人给他的果子而陷于不敬。看来，女人乃是人离开父母的原因。施特劳斯还指出，

---

① 根据施特劳斯的解读，善恶之知即是人足以指导自身生活的知识。（See n. 66）这知识立足于人类理性本身，乃是对整全的自主知识。冯拉德对此的解读类似于施特劳斯的解读。他否认"善与恶"是就道德意义上而言。他以为，"这是一个正式的说法，即我们所用无〔道德〕色彩的'一切'之意。"因此，"善恶之知意为"，他得出结论道，"最广泛意义上的全知"。（Von Rad, *Genesis: A Commentary*, 79, 86.）朋霍费尔则以为，*tob* 和 *ra* 这两个词意为"一般意义上人之世界的最终区分，超出道德分歧〔的意思〕"。他解 *tob* 为乐、善、美，解 *ra* 为痛、恶、平庸、不纯。（Bonhoeffer, *Creation and Fall*, 54.）

"第二个叙述清楚表明,人有两种根本不同的成分,一个较高尚而另一个较低劣"①(*J&A*, 385)。这两种成分,一为上帝吹入人之鼻孔的生气,一为人由之塑成的地上尘土。因此,尽管不像在第一个叙述中人依照上帝的形象而造,第二个叙述中人作为造物还是离上帝最亲近的造物,因为上帝从人的鼻孔中吹入生气。这样,问题就来了。是不是因为这股生气人才能够不顺从上帝,才能够像上帝那样〔知善恶〕?施特劳斯的解读指出,在这个叙述中,女人"低于男人"(*OIG*, 372),而且"引诱从最低劣的向最高尚的移动"(*J&A*, 386)。显然,蛇乃是这个移动过程中最低劣的。蛇拥有下愚之智。前已论证,这种下愚之智即是与圣经智慧针尖对麦芒的哲学智慧。这种下愚智慧起于看的快乐,而非对上帝的畏惧。最低劣的蛇并没有直接引诱最高尚的人。它通过引诱较低劣的女人而令处于最高尚位置的人陷入不敬,因为人与女人连为一体。那么,是否女人这种较低的造物天生倾向那较低的智慧?

吃了禁果之后,他们的眼睛真的亮了。他们能像上帝那样知善恶,因此他们认为赤身裸体可恶。他们的眼睛亮了这一事实,证实了蛇对女人所说的话:"你们便如上帝能知善恶。"人因此而有的善恶之知,据施特劳斯解读,乃是"自主的善恶之知,即人因自身而有的知识,这就暗示着,真正的知识不是自主的;根据后来的神学进展,可以说,只有启示才提供善恶之真知"(*OIG*, 372—73)。

因此,可以说有两种善恶之知。一种出于人自身,一种来自启

---

① 这里,施特劳斯似乎同意斐洛的看法,尘土造成的人由灵魂和肉体组合而成,尽管他没有直接解高尚部分为灵魂,低劣部分为肉体。

示。所以，陷入自主的善恶知识之前，人实际上已经有某种善恶之知。如施特劳斯所解，"一个存在可以被禁止追求善恶之知，也即能够在一定程度上理解善恶之知对它来说为恶，那么这存在必然拥有这〔善恶〕知识"（*J&A*，387）。这一解释显然不同于黑格尔的解释。黑格尔以为，原初状态的人完全不知善恶。吃知识树上的果实意味着超越，即人超越其动物性或自然性，因此而成为人和精神。施特劳斯则以为，吃知识树上的果实在圣经中意味着僭越，因为人的眼睛因此亮了，而拥有自主的善恶之知，但根据既有的善恶之知这种自主之知于人有害。如冯拉德（Von Rad）所言，吃禁果之后，"人已经走出依赖状态，他已经拒绝了顺敬，想要独立。他的生活指导原则不再是顺敬，而是其自主的知和意志，因此他确实已经不再视自己为被造"[1]。但是，冯拉德没有像施特劳斯那样，把堕落和哲学联系起来。[2]

搞清楚人吃禁果之后有了什么样的善恶之知之后，我们接着来看上帝如何责罚人之触犯禁令。"受肖似上帝之欲望的鼓动"（*J&A*，387），人取得了善恶之知。看来，上帝以为，肖似上帝对人并不好，因此他禁止人吃知识树上的果实。当人触犯禁令之后，他严厉责罚了男人、女人和蛇。施特劳斯没有讨论责罚的细节。这里，我尝试根据前面的分析补足他的解读。引诱从最低劣的向最高尚的移动。上帝得知诱惑的发生，则始于质询最高尚的，终于惩罚最低劣的。吃了禁果之后，人和他的妻子听到了上帝的声音，便躲在园里的树木中。当上帝呼唤那人时，他说，"我害怕，因为我赤身裸体，我便藏了"。接着上帝问，他是否吃了不许他吃的果子。那人便把责任推给女人，甚至推给上帝自己，因为他强调，那女人是上帝赐给他的。然后，上帝

---

[1] Von Rad, *Genesis: A Commentary*, 94.
[2] 在斐洛的解释中，堕落也是哲学本身的堕落而非堕入哲学。

质询女人。女人则没有表现出那人的害怕。她的回答简单明了，是那蛇引诱她吃的。上帝没有接着要求蛇解释为什么它要这么做，而是直接开始宣布他的责罚。责罚从最低劣的开始，到最高尚的为止。

对蛇的责罚包括两方面。一是关于它的生活方式，另一关于蛇与女人之间的关系。蛇因其诱惑而受诅咒，要用肚子行走，终身吃土。我们不知道，此前，蛇究竟如何行走以及如何饮食。前面已经点出，女人比男人易于倾心蛇所拥有的智慧。现在，上帝要令蛇和女人彼此为仇，蛇的后裔和女人的后裔彼此为仇。上帝解释这个责罚道："女人的后裔要伤你的头；你要伤她的脚跟。"[①] 这个解释非常重要。女人的后裔要伤蛇的头，这难道是说，蛇，这个哲学智慧的拥有者，应该小心它的头脑？女人的后裔的脚跟要为蛇所伤，这岂非是说，女人的后裔的生活根基要为哲学智慧所动摇？

对女人的责罚同样包括两部分。其一关于女人本身，另一关于女人和她丈夫的关系。关于前者，女人怀胎的痛苦将大大增加。我们没有被告知，此前女人如何怀胎以及有多痛苦。关于后者，此后女人必恋慕她丈夫，且为他所管辖。我们知道，女人原本是那人骨中之骨，肉中之肉，那人和他妻子连合一体。因此，那人随女人而堕落。现在，女人将与蛇为敌，受辖于她的男人。触犯禁令之后，那人还害怕，但女人却毫不害怕上帝的询问。如此看来，女人比男人更深地陷于看的快乐之中。这个责罚难道意味着，看的快乐应受对上帝的畏惧

[①] 比较迈蒙尼德的评论："更为奇怪的是蛇和夏娃之间的关系，我的意思是蛇的后代和女人的后裔之间的关系，这是有关头和脚跟的一种关系，她〔女人〕因为头胜过它〔蛇〕，它〔蛇〕则因为脚跟而胜过她〔女人〕。这显而易见。"（Maimonides, *The Guide of the Perplexed*, trans. Shlomo Pines. Chicago and London: The University of Chicago Press, 1963, p. 356.）

管辖?

对那人的责罚也有两个部分。地因那人的缘故而受诅咒,那人则要终身劳苦,才能从地里得吃的。我们知道,地原本有河流滋润,树上有果子可以食用,因此那时还没有人耕地。现在,地因人触犯禁令而受诅咒,将长出"荆棘和蒺藜",人则要终日劳苦而得食。人原本过着优裕自如的生活,现在则不得不过耕田种地的辛劳生活。

3.6 上帝和蛇

宣布责罚之后,上帝又给人衣服穿。然后,上帝说道:"那人已经与我们相似,能知道善恶。"施特劳斯引述了这句经文,以说明他们的眼睛确实如蛇所言,亮了。上帝的这句话似乎确认了蛇对女人所说的话。在这一点上,施特劳斯和黑格尔的看法相同。黑格尔强调,上帝的话证实了,蛇没有欺骗撒谎。黑格尔还抱怨,上帝证实了蛇之言语,这一事实通常被忽视了。① 不过,在黑格尔的解释中,堕落事件并不意味着堕落,而意味着人性的进步。这是上帝自我外化的一个环节。上帝之为绝对精神设定了一个自我外化的他者,并将这个他者置于自己的对立面,然后与这个外化了的自我和好。这个和好的圆满之境正是哲学。② 施特劳斯与黑格尔一致以为,上帝的话证实了蛇的言语。但是,施特劳斯没有像黑格尔那样把堕落事件解读为人性进步的一个环节。他也不会显然得出结论说,神学和哲学可以和好。对黑

---

① Hegel, *Lectures on the Philosophy of Religion*, 217, 444. 但是,如果上帝说这话意在嘲讽呢? 奥古斯丁的解读令人注意,可能"〔上帝的这个〕表达意在讥讽"。(Augustine, *On Genesis*, 129.)黑格尔和施特劳斯则解上帝的话为对事实的描述,而非讥讽之意。

② Hegel, *Lectures on the Philosophy of Religion*, 488–89.

格尔来说，哲学想要知道"上帝是什么"而非"上帝存在"这一事实。① 从这个角度出发，黑格尔攻击"那些神学家"，他们认为，"哲学意在腐蚀、摧毁并亵渎宗教内容"②。从这一点来看，施特劳斯对圣经的解读更近于那些神学家的立场，不过理由不同。

黑格尔指出，上帝的话确证了蛇的言语，但是黑格尔没有问这样一个问题，是否上帝以为变得肖似上帝对人类生活来说为好。对施特劳斯来说，自主的善恶之知对人类生活到底是进步还是没落，这是一个关键问题。哲学和神学两方都有自己的充分理据，从而不能和对方妥协，也不能驳倒对方。③ 在圣经的创世叙述中，自主的善恶之知乃是被禁止的，因此乃是恶。人吃禁果之后，上帝便打发他们出伊甸园，以免人又摘生命树上的果实来吃，从而永远活着。我们不知道，人在吃禁果之前可以活多久。也不知道，为什么人在拥有了自主的善恶知识之后不应该永远活着。我们从这个叙述中能够知道的乃是，人没有吃知识树上的果子的时候，他可以吃生命树上的果子。现在，人吃生命果的可能性也被排除了，因为上帝把人赶出了伊甸园。这也许是上帝警告人如果吃禁果就会死的意思。当蛇对女人说，你们不一定死的时候，它可能有另外一种理解。也许，蛇的意思是说，他们不会因吃禁果这一行为而死。在蛇看来，上帝可能以死之可能性来阻吓人

---

① Hegel, *Lectures on the Philosophy of Religion*, 88 – 89, 92.
② Hegel, *Lectures on the Philosophy of Religion*, 79.
③ "因此，根本问题在于，是否根据其自然力量之自身努力，人可以达致善的知识，此知识，人若无之，则无法指导其个人或集体的生活，或者，是否他们为那知识而依靠神启。人的指导或者神的指导，顺敬之爱的生活对自由洞见的生活，没有比这更为根本的取代。谐和或者综合〔两者〕的任何企图，不管多么美妙，两种对立因素之一则要为另一而牺牲，这也许细微难察但无论如何肯定无疑：想成为皇后的哲学必定会〔在谐和或者综合中〕沦为启示的俾女，或者恰好相反。"（*NRH*, 74 – 75.）

吃禁果。① 而善恶之知本身不会导致死亡。从这点来看，蛇没有对女人撒谎。

值得注意，上帝并没有对人和女人说，蛇对他们撒了谎。上帝要求人和女人回答他的质询，但上帝没有要求蛇解释，为什么它要引诱女人陷入不敬。可以说，圣经为贬抑哲学智慧，因而没有给蛇任何机会，以申辩其言说的真实性。② 从另外一个角度来说，上帝深知蛇对女人说了些什么，以及它会如何辩驳。因此，质询为多余之举。因此，上帝无意对蛇进行反驳。他直接宣布对蛇的惩罚。与此相反，蛇似乎要质疑上帝的真诚，质疑上帝所说的是否为真。无可否认，它也相当了解上帝言行之意图。它告诉女人他们不会死，而是会像上帝一样，能知善恶。但是蛇没有直接质疑上帝，或者它没有机会这么做。它只是告诉女人，上帝所说的不一定真实。前已分析，蛇没有撒谎。③ 如黑格尔所指出，上帝的话证实蛇没有欺骗女人。但同时应该注意，蛇没有告诉女人，肖似上帝对人类生活好还是不好。上帝根据自己的

---

① 奥古斯丁解死亡为有死性，并指出，人因堕落而变成有死的。（Augustine, *On Genesis*, 67.）根据纽曼（Harry Neumann）的解释，这里的死亡意味着精神死亡，也即灵魂之死："如拒绝顺从神法，则人死。人不可以成为无神论者而且活着。死是顺从撒旦而变节的代价，这死乃精神之死，灵魂之死。无疑，撒旦否认，无神论意味着死，意味着虚无（Genesis 3: 4-5），但是他仅意指肉体之死：灵魂之死并不必然意味着形体之死，这是现代性之伪无神论政治和道德提供的证词。" Harry Neumann, "Political Theology? An Interpretation of Genesis (3: 5, 22)," *Interpretation*, Vol. 23, No. 1, (Fall 1995), p. 178.
② 比较斯宾诺莎的评论："所以他〔上帝〕对他们〔以色列人〕不是讲道理，而是用号角的声音、用雷电来感动他们。"见斯宾诺莎《神学政治论》，温锡增译，商务印书馆1996年版，第201页。
③ 比较朋霍费尔的评论："真理对抗真理，也即，上帝的真理对抗蛇的真理，上帝的真理关乎禁令，蛇的真理关乎许诺，上帝的真理指向我的界限，蛇的真理指向我的无限性。两者同为真理，同来自上帝，上帝对抗上帝。"所谓"上帝对抗上帝"，意为"上帝和作为 *imago dei* 的人，这人是像上帝的人，因自身而知善恶"对抗"上帝和作为 *sicut deus* 的人，这人在善恶〔问题上〕必于其自身知识上帝的深度。"（Bonhoeffer, *Creation and Fall*, 70-71.）

意志行事，做他认为对人类生活有利的事。上帝赶人出伊甸园，人从而失去了优裕自如的生活。人因此也不能永远活着。

蛇因引诱人陷于不敬而受上帝诅咒和责罚，但它所言非虚。对圣经作者来说，上帝所行一切，乃是对人的好，人自己则对要遭受的恶负全责。通过叙述堕落及其后续事件的发生，圣经作者贬抑哲学的意图。为了做到这一点，圣经作者也得说明哲学要达到什么样的目标。人因堕落而被赶出伊甸园，但即使在人堕落之后，哲学智慧也没有被禁绝。上帝似乎无意如此。上帝责罚蛇，或因其以下愚之智俘虏简朴的心灵。上帝也没有因此而剥夺蛇的下愚之智，但他禁止人去拥有善恶之知。上帝没有反驳蛇，蛇其实也没有驳倒上帝。蛇通过女人而引诱人知善恶，它既没有质疑上帝言词的意图，也没有抗议上帝对它的责罚。

上帝和蛇都没有反驳对方。双方都试图以其自己的方式教育人。人不得不在蛇和上帝之间做出选择。如施特劳斯强调，人不得不在耶路撒冷和雅典之间做出选择。如此，我们已经考察了施特劳斯对《创世记》前三章的解读及其意图。那么，施特劳斯到底站在哪一边？和上帝还是和蛇站在一起？为弄清楚这个问题，不得不接下来考察施特劳斯解读《创世记》的角度。

第四章　施特劳斯的解读角度

前面分析了施特劳斯如何解释《创世记》前三章的意图，即分别贬抑哲学的首要主题和哲学的意图，也指出了，上帝没有驳斥而是直接惩罚引诱人陷入不敬的蛇。施特劳斯的解读试图表明，《创世记》

作者深知何为哲学以及哲学的心意。通过解读《创世记》，施特劳斯解释了圣经对哲学的态度。在施特劳斯的分析中，圣经作者犹如一个施特劳斯分子。前两章已经分析了施特劳斯解读圣经的若干细节。现在，我们来考察施特劳斯本人在其解读中的立场。

4.1 "从外在〔角度〕"阅读圣经

施特劳斯的圣经解读是要说明圣经的意图。那么，在这个解读过程中，施特劳斯本身的立场是什么？是否与他所解释的圣经立场一致？如上一章结尾所问，上帝和蛇之间，施特劳斯站在哪一边？为明白这些问题，这里着重考察一个初步问题作为线索，也即施特劳斯解读圣经特别是《创世记》的角度问题。再缩小一下问题的范围，他从圣经角度还是从哲学角度来读《创世记》？施特劳斯表达得很清楚，打开圣经之前，要想好自己的立场在哪里。如果施特劳斯的解读角度与他所解读的圣经角度一样，那么以此考虑耶雅紧张问题，施特劳斯可以说站在耶路撒冷一边。如果施特劳斯是从哲学的角度解读圣经，那么他的解读旨在刻画哲学如何在圣经中受到挑战的一个自我图像。自然，此外还有一个角度，也即，超越或者模糊前两者的一个立场。

伯纳德特（Seth Benardete）曾向施特劳斯指出，施特劳斯解读圣经的角度与解经家卡索图（Umberto Cassuto）的角度有类似之处。[①]回应伯纳德特的比拟，施特劳斯在给前者的一封信（8 April 1964）

[①] 关于施特劳斯和卡索图解经之异同，参 Susan Orr, *Jerusalem and Athens: Reason and Revelation in the Work of Leo Strauss*, Lanham: Rowman & Littlefield, 1995。

中写道：

> 我常闻卡索图之名。他声名极高，尤其在最有思想的或者保守的犹太人之中，只是我从没读过他的书。欣闻于君，关于《创世记》第一章，我和他有共同见解。我相信，区别在于，卡索图不像我那样更多地从外在〔的角度〕来看这个文本。这有其优点，亦有缺点，这无须我向你多作解释。①

从这个引文来看，要理解施特劳斯本人在其圣经解读中的立场，关键在于要明白，他所声称的"从外在〔角度〕"看文本是什么意思。

格林曾引述施特劳斯的文字，以说明这个声称的意思。格林所引文字如下，

> 我们应当从〔圣经〕的最重要层次着手——从我们的首要事物着手，尽管它不简单是首要的。也就是说，我们应当着手之处，乃是圣经的传统研究和历史研究两者都必然要着手之处。如此，我们可免于不得不预先作支持雅典反对耶路撒冷的决定（*J&A*，382）。

据此，格林指出，施特劳斯没有预先作出支持雅典反对耶路撒冷的决定。同时他又承认，施特劳斯也"没有简单地支持耶路撒冷"，

---

① Cited by K. H. Green in his "Editor's Preface" to *JPCM*, n4.

耶路撒冷抑或雅典？施特劳斯四论

因为施特劳斯声称，他自己从外在的角度阅读圣经。于是，格林得出结论，施特劳斯在一定程度上试图"站在超越对立双方的立场"。也就是说，施特劳斯试图超越耶路撒冷和雅典的各自立场。与此同时，格林也注意到，施特劳斯不相信"一个既非哲学也非神学的第三种立场"。尽管如此，格林还是为施特劳斯提出了第三种立场：历史。对此，格林解释道，历史"有助于理解，因此有助于在根本上互相取代的对手之间做出选择"①。

施特劳斯没有在耶路撒冷和雅典之间作简单取舍，这没有错。但是，以为施特劳斯的立场于两者之外另取历史一途，大有问题。窃以为，格林不够仔细对待他所征引的段落，以致不恰当地把历史看作施特劳斯自己所声称的"外在角度"。历史不能被看作是施特劳斯解读圣经所依据的进路，不管格林所说的历史是什么意思。不妨重新考察一下格林所引《耶路撒冷和雅典》的段落。此段落中，施特劳斯在探讨阅读圣经应该从哪里起头。段落中有两点值得强调。第一，我们应当从圣经"最重要的层次"着手，从"首要事物"着手。于是，需要理解什么是圣经最重要的层次，什么是我们的头等要务。而且，这个层次是对圣经的传统研究和历史研究必然的共同出发点。第二，从这一层次着手，便可免于不得不预先作出支持雅典反对耶路撒冷的决定。关于这一点，首先要明白这个"不得不"的强迫性从哪里来。这一节我们首先考虑第二点，而将第一点留待下一节讨论。

在《耶路撒冷和雅典》这篇文章的开头，施特劳斯提到了理解耶

---

① Green, "Editor's Preface", n4. Emphases original.

路撒冷和雅典的两条道路。一条为现代的、科学的道路，这条道路把耶路撒冷和雅典视为两种"文化"或"价值"。因此，观察者或者研究者可以并且应该对两者进行客观的研究，不带任何偏向。另外一条道路则把两者看作对各自真理或智慧的坚持。耶路撒冷和雅典，圣经和希腊哲学，都声称自己为唯一的真理，为唯一的智慧。前者起于对上帝的畏惧，后者始于诧异之感。既然两者都坚持自己为唯一真理，那么人不得不从一开始就得在它们中间做出选择。但是，将耶路撒冷和雅典并列进行讨论，似乎已"超出了两者各自的自我理解"而向两者的立场同时保持开放的态度，聆听它们各自的声称。施特劳斯得出结论道，"首先聆听，然后做出决定，这样，我们便已经决定支持雅典反对耶路撒冷"（*J&A*，380）。

讨论了对耶路撒冷和雅典的不同理解（第1—6段）之后，施特劳斯转而讨论阅读圣经的不同进路（第7—9段）。同样，他讨论了两种进路：传统的研究和历史考证研究。显然，这两条进路和前面提到的两种理解互相呼应。就传统研究来讲，圣经是"真实原本地讲述了上帝和人的行迹"。而对历史考证进路来说，圣经是"对古代历史的记忆"，是"自相矛盾的断言，和古代偏见和迷信的残余"（*J&A*，380）。关于这一点，施特劳斯认可，圣经叙述是"对古代历史的记忆、甚至是对记忆的记忆"（*J&A*，381）。但是，施特劳斯的不同态度在于，"对记忆的记忆"其意义不一定次要，相反倒有可能深化了原本的东西。"我们的首要〔原则〕"或许就在这"古代历史的记忆"或者"记忆之记忆"之中。因此，重要的是要弄明白，施特劳斯所说的"我们的首要〔原则〕"是什么。

考察何为我们的首要原则之前，不妨先简要讨论一下，圣经里为何有许多自相矛盾的断言。关于这一点，施特劳斯评论道，我们可以毫无矛盾谈之论之的上帝是可以理喻的上帝，是"亚里士多德的上帝而非亚伯拉罕、以撒和雅各的上帝"（*OIG*, 360）。别处，施特劳斯同样指出，在与正统观念吵架的时候，启蒙者所用的"主要武器"为"嘲讽"（*PL*, 29）。因此，施特劳斯反思道，启蒙运动对正统的所谓"胜利"并不意味着，启蒙者确实成功地驳斥了传统的信念，比如上帝是全能的，奇迹和启示是可能的，等等。相反，他们只是嘲讽正统信念的荒谬，并因此嘲讽而赢得所谓胜利。施特劳斯以为，"嘲讽对启蒙运动的宗教批判如此重要，间接证明了正统之不可驳倒"（*PL*, 30）。

据施特劳斯所见，人类理性既不能证明上帝的存在，也不能证明上帝的不存在。奇迹同样也是如此。同时谈论耶路撒冷和雅典的时候，我们"学者"或"科学人"（"men of science"，或译"有学识的人"）不得不以怀疑的态度接近圣经（*OIG*, 361）。可以说，当施特劳斯如此论说的时候，其实已经采取了雅典一边的立场，因为他提醒我们说，"圣经中没有怀疑这个词"（*J&A*, 381）。处于怀疑状态等于说不知上帝是否全能，不知奇迹是否可能，不知世界是否上帝所造。与那些从一开始就断定奇迹可能或者不可能的观点相比较，这一进路"乍看之下"显得最为开明（*OIG*, 360, 361）。这里，施特劳斯的态度有些模糊。一方面，将耶路撒冷和雅典相提并论，施特劳斯似乎延后了他的选择，以免预先作了偏向雅典的决定。另一方面，这一延后本身又暗示了他实际上已经做出了选择。

4.2 什么是我们的首要〔原理〕?

如此看来，施特劳斯的解读正是从"我们的首要原理"开始。据施特劳斯之言，这是圣经的传统研究和历史考证研究共同的必然出发点。为了搞明白施特劳斯所说"我们的首要原理"是什么，需要看看施特劳斯讨论进路问题之后，如何开始他的解读。施特劳斯这样说道："我们从起初开始，从起初的起初开始。起初的起初恰好处理起初本身：天地的创造"（J&A, 382）。这些"起初"的意思是什么？重中之重，是要明白"起初"和"起初的起初"有什么分别。据我理解，这里的"起初"指的是"天地"或曰"世界"。"起初的起初"则指世界的创造。

首先，我们来看"起初"的意思。这个起初乃是世界的一定构造，凡人皆晓，不为世移，不为时易。《创世记》第一章所提到的所有事物，我们都非常熟悉。在这个意义上，施特劳斯说，圣经确实从起初开始（OIG, 368）。他还称这个起初为"现象世界"，或"恒久给定的整全"或"可见的宇宙"[①]（OIG, 361, 368; POR? 110）。作为给定的整全，这个现象世界也是怀疑从中生长的土壤。如何理解施特劳斯对这给定整全的讨论？海德格尔关于此在的分析有助于理解这个问题。与黑格尔的概念论思想方式不同，海德格尔从作为既定整全的现象世界开始，海德格尔称之为"在者整体"。[②] 此在的在世状态

[①] 如前所注，斐洛解第一个创世为无形体而不可见世界的创造，而非可见宇宙或者现象世界的创造。

[②] 参海德格尔《形而上学是什么？》，《路标》，孙周兴译，商务印书馆2000年版，第119—141页；《形而上学导论》，熊伟、王庆节译，商务印书馆1996年版，第4—6页。

耶路撒冷抑或雅典？施特劳斯四论

乃是被抛状态，被抛入在者整体。这是此在的基本情况。我们总是已经在世，在世界中，与他者同在。海德格尔的此在分析要揭示出前科学世界的奠基性角色。而这个世界在很长时间里都被哲学给忘了，因为哲学很容易就一头扎进了非常事物。海德格尔不但没有否认而且强调哲学乃非常之道。然而，海德格尔的强调旨在揭示，哲学作为非常之道不是在日常之道之外另辟新道，哲学的非常性在其洞悉日常之道的非常性。因此，海德格尔〔以及之前的胡塞尔〕重新把前科学世界考虑作哲学的首要主题。[①] 胡塞尔意识到，对世界的科学理解乃是对世界的前科学理解的一个变形。但他依然坚持，纯粹感觉事物乃属次生而非本源。海德格尔则再推进一步，如施特劳斯指出，对海德格尔而言，"我们对世界的首要理解不是理解作为对象的事物，而是理解希腊人标之为 *pragmata* 的东西，也即我们所操持运用的事物"（*EM*, 305）。可以说，前科学世界之为在者整体，之为恒久给定的整体，同是圣经和哲学一开始要面对的起初。尽管，他们可能在"起初的起初"问题上看法迥异。

然后，我们来考虑"起初的起初。"所有人总是已经生活在给定整全之中，已经与他人共在。那么，如何考虑这个既在整全的起初呢？根据圣经的创始叙述，既在整全为上帝所造，或者说，由上帝所形塑而成。前面也已经指出，这个事实通过传统而为人所知。因此，

---

① 伯恩斯指出，施特劳斯追随海德格尔将哲学得起点定在前科学世界，但不同意海氏之历史主义存在观。参 Berns, "Heidegger and Strauss: Temporality, Religion and Political Philosophy", *Interpretation*, Vol. 27, No. 2, (Winter 1999 – 2000), pp. 99 – 104; "The Prescientific World and Historicism: Some Reflection on Strauss, Heidegger, and Husserl", *Leo Strauss's Thought: Toward a Critical Engagement*, ed. Alan Udoff, Boulder: Lynne Rienner Publishers, 1991, pp. 169 – 181。

面对关于"起初的起初"如何的问题,一个信徒不难给出回答。传统已经给出了答案。这里,我们同样可借助海德格尔对起初之起初的思考。海德格尔指出,形而上学根本问题所问的东西,也即,为什么在者在而无却不在,这个问题对于信仰来说是一个愚蠢的问题。更清楚地说,"对于原始的基督教信仰,哲学是一桩蠢事"①。为什么哲学对信仰看来乃是蠢事?显然,乃因为哲学一个劲儿地追问何为起初的起初。而这个起初的起初对信仰来说,既不可理喻也不可追问。哲学试图清楚说明,到底何为起初的起初,这在信仰来看愚妄之至。从相反的角度来看,海德格尔指出,"起初,上帝创造天地……"既没有给出形而上学根本问题的答案,也与它全无关系。在《形而上学和神学》一文中,海德格尔更明确地强调,信仰,作为生存的一种特定可能性,就其最内在的核心而言,是这样一种生存形式的死敌,这种生存形式为哲学的本质,而且实际上变易不居。②

海德格尔指出,追问为什么在者在而无却不在,不是要问这个或者那个在者,而是要追问在者整体。追问在者整体必然引导我们追问在者整体的根据。在者整体不指向任何特殊在者,那么,什么是追问在者整体的根据呢?据海德格尔,无"把此—在(Da-sein)首次带到在者本身面前"而此—在意为"持守在无之中"。在这个意义上,"此在无论如何都已经超越了在者整体"③。可以说,此—在正因其执于无而无所执。只有此在才对无如此执着。而无只有在畏(Angst)中才显现出来。这畏不是漂浮于表面的一种日常情感,而是原本而且

---

① 海德格尔:《形而上学导论》,熊伟、王庆节译,商务印书馆1996年版,第9页。
② 海德格尔:《路标》,孙周兴译,商务印书馆2000年版,第73页。
③ 参海德格尔《形而上学是什么?》,《路标》,第133页。

"罕有"之畏。① 怎么个稀罕法？无已经被遗忘了。这主要由于两个原因。其一，谈论无要么被认为是不合逻辑的，因此是没办法去思想的事情，要么被看作是对所有文化和信仰的侵蚀。② 于是，无被彻底忽略或者遗忘了，思也因此总是思具体在者。以我浅见，海德格尔所说存在之遗忘，实际上或者说在其根本上也可叫做无之遗忘。海德格尔痴迷于追问在者之在，追问无。用施特劳斯的话来说，海德格尔不断吁请回到思之"严肃、深沉和执着"（*EM*, 304）。这种严肃、深沉和执着主要在于其纠缠于无，执着于无。

那么，到底什么是起初的起初？显然，这个问题没有现成答案。也许，对哲学来说，这个问题根本就没有答案。哲学思考从起初开始，从恒久既定整全开始，从在者整体开始。哲学追问不问这个或者那个在者，而问在者整体及其根据。因此，哲学思考必然要遭遇到无。通常来说，无就是无，谈论无即是无语，也即，没什么好说的。哲学却正是要纠缠于无可言说的无。海德格尔强调，哲学"本质上不合时宜"而且"只是极个别人的直接事务"③。窃以为，海德格尔说原初的畏极为罕见，也正是这个意思。畏意味着觉悟到无。只有少数痴心于哲学的人，才那么煞有其事地执着追问通常看来无须追问的无。这一追问企图把起初的起初问得一清二楚，但它首先碰到了无。哲学思考被无的力量引入无可驻足的深渊。如此，它全然不知它将在哪里靠岸，可在哪里驻留。这一哲学追问不知其目的地在哪里。

前一章已经说明，自主的善恶之知在圣经看来属于禁区，人不当

---

① 参海德格尔《形而上学是什么？》，《路标》，第134页。
② 海德格尔：《形而上学导论》，熊伟、王庆节译，商务印书馆1996年版，第24—25页。
③ 海德格尔：《形而上学导论》，熊伟、王庆节译，商务印书馆1996年版，第12页。

拥有。我们也已经表明，根据圣经，起初的起初乃是神秘。人类最好不要对这个神秘刨根问底，因为它非人类理性可以理喻。施特劳斯指出："圣经有别于所有哲学的原因在于，它只是断定世界乃上帝所造。没有任何论证可循，以支持这个断言。我们如何知道世界乃是被造？圣经宣布如此"（*OIG*，369）。根据圣经，正当的生活方式乃是顺敬上帝的生活方式，对这种生活方式来说，起初的起初无可质疑，圣经已经写得明明白白。

但是，哲学却试图依据人类理性本身清楚了解起初的起初，了解首要事务，了解首要原理。施特劳斯说道："哲学追问原理，从字面意义来看也就是说，追问起初，追问首要的事情"（*POR*？111）。这就是哲学的意图，也即，追求自主的善恶之知，这种知识使得人可以依据理性而进行自我管理。然而，哲学企图知道起初的起初，这也说明了，哲学总是尚未知晓。

4.3 作为学者或科学人而读圣经

关于施特劳斯从外在角度阅读圣经的讨论说明，施特劳斯不想落入不得不预先决定偏心雅典的困局。因此，施特劳斯把耶路撒冷和雅典相提并论。如此，他似乎采取了两者之外的另外一种角度。关于首要事物的分析则表明，哲学家不满足于对"起初的起初"的无知，不满足于圣经创世叙述的说明，因此想要追问圣经作者有意遮掩和含糊的主题。但是施特劳斯也强调，耶路撒冷和雅典之间不可妥协，无可通融，因此人不得不二者择一。这个态度又说明，施特劳斯不可能此外另择他途。这样，我们便陷入了一个困境，施特劳斯似乎处在自相矛盾之中。到底如何考虑施特劳斯阅读圣经的角度？我已经说过，历史并非正解。那么，可能的答案又是什么？为搞清楚这个问题，需要回头再看《论解释〈创世记〉》的开篇语。那里，施特劳斯首先声明自己是以"政治科学家"或者"政治理论家"而非以"圣经学者"的身份说话。接着，在第二段末尾，他又以"我们"学者或者科学家，或者"科学人"（men of science）的口吻说话（OIG，361）。一个政治科学家也属于〔社会〕科学家之列。如此，我们可以得出结论说，施特劳斯从外在角度阅读圣经，也即作为一个学者、一个科学家或曰一个科学人来读圣经。那么，他说自己以学者、科学家、或科学人的身份说话，其意何在？也许，这只不过一个专业身份告白而已，并无深意。我们是否有些钻牛角尖了？并非如此。如果我们考虑到施特劳斯对自己工作路线的看法，尤其是考虑到这条路线与海德格尔思想路线相比较意味着什么，那么这一问题会清楚很多。

施特劳斯说，海德格尔是一个伟大的思想家，而他自己则是一个学者。这可能是罕有的一处，施特劳斯直接指出自己和另外一个思想家的不同角色。根据施特劳斯的分析，学者和大思想家的主要区别有以下几点。首先，伟大的思想家直面根本的问题，"无蔽于任何权威"，而学者则要经由伟大思想家的著作，也即，经由伟大著作，才得以面对这些问题。其次，大思想家之间的不同见解为学者创造了"思考其分歧"的可能性，也即思考"他们中间谁〔的看法〕可能更对一些"。再次，大思想家大胆无畏，学者则"谨小慎微而且讲求方法"，因此不是大胆无畏的。最后，由于这些原因，学者"不会目不转睛地沉迷于我们不可企及的莫测高深，而大思想家则是这样"（EM，

305—306）。① 如苏格拉底所说，头等哲学家游心于六合之内、八方之外，"遍究一切物性、而求其真其全，从不肯降尊到肤近的俗事俗物"②。

如何理解施特劳斯称自己为学者，同时指出海德格尔则是一个大思想家？这个问题把我们带回到施特劳斯关于阅读圣经角度问题的评论，也即，"只要我们声称是学者或者科学人"（OIG，361），我们便没有别的选择，只有以怀疑的状态接近圣经。这个"我们"指的是谁？显然，是"我们学者们"！除了施特劳斯自己关于学者和大思想家的评论之外，还可以怎样去理解"我们学者们"这个声称？有一个很突出的例子，可以参考。那就是尼采论学者和科学人之有别于未来的哲学家。尼采《善恶的彼岸》第六部分恰恰题为《我们学者们》。这一部分一开始，尼采便宣称要在科学的时代与"一种有害而且不当地错置科学和哲学之间的等级作斗争"。在尼采看来，"学者"、"科学人"或"哲学劳工"便等于哲学家的看法，是一个巨大的误解。尼采讨论了学者的三种德性：客观性（第 207 节）、怀疑论（第 208—209 节）和批评精神（第 210 节）。所有这三种德性都是服务于真正哲学家的工具。尼采以为，真正的哲学家，或曰未来的哲学家，是要统治的"命令者和立法者"，他们决定人类的何所去（Wohin）和何所为（Wozu），他们的知乃是创造价值。③ 而学者"既不命令，

---

① 关于哲学原创者和学者之关系的反思，比较 William Desmond, *Philosophy and Its Others*: *Ways of Being and Mind*, Albany: SUNY, 1990, pp. 21 – 26。
② 柏拉图：《泰阿泰德》，严群译，商务印书馆1964年版，第173e—174a 页。比较《智术之师》（254a – b）中陌生来客关于哲学家的说法：哲学家"总是循着思维之路而进窥'存在'的原型；因为他的地方光明灿烂，也不容易看见他。众人心灵的眼睛经不起注视神圣的光辉"。
③ 尼采：《善恶之彼岸》，第 211、204 节（末尾）。据解释者言，"命令者和立法者必须理解作哲学统治者，他们为整个时代立法"。（L. Lampert, *Nietzsche' Task: An Interpretation of Beyond Good and Evil*, New Heaven & London: Yale University Press, 2001, 199.）

也不破坏"①。

现在，再回过头来分析施特劳斯阅读圣经的角度。施特劳斯强调，将耶路撒冷和雅典相提并论，似乎超出了双方的自我理解而另有立场（*J&A*, 379）；强调"我们学者们"没有其他选择只有以怀疑的状态接近圣经（*OIG*, 361）；强调"我们所有不可能〔认同〕正统的人"必得接受历史考证研究圣经的原则（*J&A*, 380）。这些很好地诠释了尼采所列"我们学者们"的三个德性：客观性、怀疑论和批评精神。在阅读圣经的时候，一个具有客观、怀疑和批评精神的学者可以也应当避免预先作偏心雅典反对耶路撒冷的决定。那么，施特劳斯自称从外在角度阅读圣经，这个外在角度是否指的就是并且只是作为一个学者或一个〔社会〕科学家的角度？"科学家"在意义上是否就完全等于一个学者，还是可能另有别的意思？在这个问题上，可再求助于尼采之论"我们学者们"。

尽管尼采的《我们学者们》对"学者们"颇不客气、语多刻薄，尼采写作此篇的目的却在教导学者们。朗佩特（L. Lampert）指出，

> 《我们哲学家》由一位哲学家所写，旨在以哲学的自然主权来训导学者。论证本身并没有邀请学者和科学家成为哲学家，或者令他们有如此抱负。倒毋宁是，它企图说服他们承认哲学家的可能性，也即，智者的可能性，认可哲学家的卓越性及其责任心。②

---

① 同前引，第207节。
② Lampert, *Nietzsche' Task*: *An Interpretation of* Beyond Good and Evil, New Heaven & London: Yale University Press, 2001, 180. Regarding the details, see 180–207.

如果这个阐释正确,如果施特劳斯所说的学者可以从尼采的角度来看,那么施特劳斯看来是一个受过良好教导的学者,也即受过尼采的良好训导。且不管海德格尔作为哲学家是否可以被视为尼采所称的价值创造者,施特劳斯作为学者显然已经被尼采或不一定被尼采说服,并承认真正哲学家的可能性、卓越性及其责任心。

根据尼采的说法,哲学家大别于学者和"科学人"。客观精神、怀疑论者和批评家都不过是哲学家的工具,或者说是哲学家"最为高尚的奴隶"。他们离哲学家还很远很远。不过,哲学家本身也许必须已经具有客观、怀疑和批评的精神。① 一个哲学家可以是客观的而不必等同于一个客观精神,可以是怀疑的而不必等同于一个怀疑论者,可以是批评的而不必等同于一个批评家。因此,一个哲学家很有可能以学者的面目出现在公众面前。这是可能的。但是,对尼采或者对尼采的未来哲学家来说,这没有必要。也就是说,哲学家的面具不再是必要的。② 如果哲学家是有智慧的人,那么实际上,智慧的人要不要隐藏自己,在苏格拉底时代就已经是一个"古今"问题。普罗泰哥拉是头一个不隐藏自己智者身份的智者,并以此为更好的自我保护方法。苏格拉底指出,希腊最古老最丰富的哲学出现在斯巴达和克里特,这两个地方的智者都否认他们是智者,并"装作无知无识"。原因在于,"他们认为超越的项目为人所知,所有的人便会从事谋求智

---

① 尼采:《善恶之彼岸》,第 211 节(开头)。

② Lampert, *Nietzsche' Task: An Interpretation of Beyond Good and Evil*, New Heaven & London: Yale University Press, 2001, p.195,"想要让人明白他们是什么样的人,他们〔未来之哲学家〕不会容忍他们的心灵追求的冷酷真理带上显白面具。他们不会内心是个批评者,外表则是顺从者。……放弃了柏拉图隐晦论的不纯粹性之后,他们炫耀柏拉图式哲学家极力要掩盖的东西,也即,真理之残忍冷酷"。

慧了"①。在施特劳斯看来,哲学家的面具是必要的吗?本节我们已经说明了施特劳斯自称一个学者或科学家的一种意思,接下来我们转而考虑,这一声称是否有另一种或另一层意义。

4.4 施特劳斯之为政治科学家

"我们学者们"是客观的、怀疑的和批评的。故学者应当尽可能避免预先设定立场而偏心雅典,不管"我们学者们"是否本身就是雅典的子孙后代。但是,即使没有预先决定偏心雅典,一个人依然可以最终偏爱雅典,这完全可能。施特劳斯的立场是否可作如是观?

尼采发动他的战斗,乃因为科学和哲学之间的失序错位,科学成了哲学的标准。科学和哲学的分野出于现代思想的努力。据施特劳斯分析,这一现代分野一方面使得科学易受其他力量役使而成单纯的工具,另一方面愿望和偏见取代了哲学理性(HB, 216—217)。科学主义的科学概念乃是现代产物,因而是衍生概念。科学在希腊哲学那里的原本意义为有别于意见的知识。进行哲学思考是要以知识取代意见。施特劳斯经常论及"哲学或科学",这个"或"即"或曰"之意,表示哲学与科学名异实同(See HB, 216f)。这种情况下,施特劳斯显然在其原本意义上使用"哲学"和"科学"。既然"科学"一词在施特劳斯那里可有现代和希腊两义,那么相应地,"政治科学"一词同样也可能有两义性。它可以意指"科学的"政治科学,截然不同于传统意义上与政治哲学等同的政治科学。从其原本意义来考

---

① 柏拉图:《波罗塔哥拉》,邝健行译,中国文化大学出版部1985年版,第316d–317c和342a–c页。(简体译本参《柏拉图对话七篇》,戴子钦译,辽宁教育出版社1998年版,第75、105页。)

虑，"政治科学"则是指政治知识，与政治意见区别开来。在此意义上，"政治哲学等同于政治科学，乃是对人类事务的全盘研究"（*WIPP*，13—17）。考虑到"政治科学"一词在施特劳斯那里的两义性，我们再来看施特劳斯解读圣经的立场。于《论解释〈创世记〉》开篇处，施特劳斯自承为一个政治科学家，此时他是否也在运用"政治科学"一词的两义性？如果确实如此，那么施特劳斯看来以双重身份从外在角度来解读圣经，一为现代意义上的从事政治科学研究的学者，一为政治哲学家的身份。如此，我们可以得出结论说，施特劳斯乃是从雅典的角度来阅读圣经，从其对面来理解耶路撒冷的立场。另外，当施特劳斯受邀在耶路撒冷城讲授政治哲学的时候，他说他"应当时刻牢记耶路撒冷的立场"。（*WIPP*，10.）也就是说，一个政治哲学家应当洞悉耶路撒冷之心意，知晓耶路撒冷所代表的立场。前一节说明了政治科学的一种意思，现在我们来看作为政治哲学的政治科学。什么是政治哲学的立场？

哲学追求对整全的知识，或者说追求对"所有事物"的知识。这个追求企图去意见之蔽而得整全之知，也即"对上帝、世界和人的知识"。（See *WIPP*，11.）[①] 根据施特劳斯的圣经解读，我们得知，《创世记》第二和第三章意在贬损哲学的意图，也即，贬损善恶之知。另外，施特劳斯也明确指出，人在堕落之前实际上并非全无善恶之知，但那不是依凭人类理性的善恶之知。如果说，因堕落而来的善恶之知乃是哲学意义上的善恶之知，那么从哲学的角度来看，哲学的意图乃

---

① 在《压迫和写作艺术》中，施特劳斯确认哲学的原始意义为探求"对整全的真正而最终的描述。"See *PAW*, 157。

是要以善恶之知识取代对善恶的觉识，或者说取代对善恶的意见。犹如哲学之知在圣经看来属于堕落之知，圣经所赞赏的堕落前的善恶觉识在哲学眼中却属意见。① 现代启蒙哲学家公开宣称传统基督教信仰甚至宗教本身为谬误，即是一个证据。哲学想要知识善恶，想要知识所有。然而，想要知识整全同时也意味着人尚未得到知识。也正是人尚未知识，所以人要追求这知识。

　　人熟悉自身的情况，更多于对这种情况之最终源头的了解。故追求知识整全始于知识人类自身处境。由此，通过锲而不舍地追问，哲学家试图去除意见之蔽，赢得整全知识；企图以少数人之所善取代多数人之所善。如苏格拉底教导，哲学家全不以多数人之所善为善，但是另一方面，哲学家所言也很难令大众信服。② 如此，在非哲学多数和哲学少数之间有一种冲突。哲学全不以大多数人之善恶为善恶，这可能招致巨大麻烦。而且大众能够杀掉哲学家，如果后者毫不在意前者之善恶观念，苏格拉底之死便说明了这一点。③ 因此，哲学的政治处理或者就俗处理便有其必要。一方面，这是为了保护大众免受哲学侵蚀，因为后者动摇前者的生活根基；另一方面，也是为了保护哲学免受大众力量的威胁，因为后者可以处死哲学家，如果哲学家不以大众的善恶为善恶。在这个意义上讲，哲学不得不为政治的哲学。若毫不省察自身现实处境，哲学对哲学少数和非哲学多数皆有害处。哲学

---

① 施特劳斯以看似中立的口吻指出，理性和启示不能驳倒对方。但是，也应当看到，根据施特劳斯的分析，哲学认为，不是立足于人类理性的任何知识皆为意见。据此不难推论，神圣知识在哲学看来也为意见。
② 柏拉图：《斐多》，64a—65a。（中译文参杨绛译，辽宁人民出版社 2000 年版，第 13—14 页。）《申辩》，严群译，商务印书馆 1999 年 [1983 版]，37e—38a。
③ 柏拉图：《克力同》，严群译，商务印书馆 1999 年 [1983 版]，44d, 48a。《理想国》，郭斌和、张竹明译，商务印书馆 1995 年（1986 版），517a。

家自然要大胆地思考，但哲学写作则要温和而且要讲求技巧，因为作品向所有人开放。因此，对施特劳斯来说，政治哲学即是哲学的显白肤色。

"政治科学"一词的两义性说明，施特劳斯在解释圣经时，很可能以学者身份亮相的同时也以一个政治哲学家的身份说话。因此，施特劳斯从外在解读圣经的角度，既是一个学者的角度，也是一个政治哲学家的角度。政治哲学对施特劳斯来说首先意味着哲学的政治考虑。政治哲学乃是充分省察自身政治处境的哲学。圣经对哲学的贬抑也是对哲学家的一个忠告，令其牢记自身的政治境况。作为一个政治哲学家阅读圣经意味着，哲学充分意识到来自"死敌"耶路撒冷的挑战，犹如圣经作者对哲学的意图了如指掌。一个政治哲学家是这样一个哲学家，他已经从上帝对蛇的惩罚中得到教训，他心领意会上帝对蛇所说的话"他〔女人的后裔〕要伤你的头，你要伤他的脚跟"。如此，如果认真对待施特劳斯自承为政治科学家的声明，那么不难得出结论，施特劳斯阅读圣经的角度乃是双重的，表面上的学者角度，内心的政治哲学角度。也就是说，施特劳斯站在雅典的立场，解说耶路撒冷如何看待雅典以及对雅典的贬损。

第五章　施特劳斯立场的难点

5.1　非宗教的隐微之言和宗教的显白之语

我们已经得出结论，施特劳斯从哲学的角度阅读圣经。所谓从外在角度的阅读，因而不同于信仰角度的内在阅读。施特劳斯通过圣经的对头——哲学——来解读圣经的意图，同样也通过哲学的对头——

圣经——以明哲学的自身处境。说施特劳斯解读圣经的立场在雅典而非耶路撒冷，并不表明施特劳斯不重视后者的立场。相反，只有深明耶路撒冷所代表的立场，哲学才能更好地理解自己和保存自己。

这里，简短归纳一下施特劳斯考虑哲学之比照于圣经的几个要点。一、哲学从作为既定整体的现象世界开始，圣经也同样从这个现象世界开始。二、从一开始，圣经就已经有了关于"起初的起初"的说法，而哲学本质上一直困惑不解因而执着探求"起初之起初"。三、圣经教导，"起初的起初"乃是上帝的创造，这对人类理性来说是神秘而不可追问的，任何对这个初始的质疑或者好奇乃是不顺敬。四、哲学没有也不能反驳起初的神秘性，但是哲学企图寻求对这个起初的知识。五、圣经教诲的生活与哲学教导的生活互相冲突。六、哲学本质上不合时宜，只适合极少数人。七、既为了保护哲学生活也为了保护政治生活，哲学不得不为政治哲学。八、充分省察其现实政治处境，哲学写作不得不讲求艺术，一方面以保护社会生活的稳定，另一方面以促进资质良好的公民之知性改进和完善。

施特劳斯强调耶路撒冷和雅典之间的张力，这并不新鲜。从德尔图良到帕斯卡尔再到克尔凯郭尔，耶路撒冷和雅典之间的张力以不同的形式不断地得到强调。但是施特劳斯的不同之处在于，他从哲学的立场来强调这一点。伯恩斯（L. Berns）指出，对施特劳斯来说，"哲学将自己与宗教分离开来而进入世界"[①]。也就是说，哲学本质上必然是非宗教的。然而，哲学的非宗教本质使得它在宗教共同体的信仰

---

① L. Berns, "Heidegger and Strauss: Temporality, Religion and Political Philosophy", *Interpretation*, Vol. 27, No. 2 (Winter 1999–2000), p. 103.

面前危如累卵。另一方面，哲学生活如果自认为是正当的生活，那么同时它不得不为政治的、显白的，因此，哲学必须显白自身为宗教的。

罗森认为，施特劳斯关于圣经或犹太教的写作乃是对希伯来传统的显白敷衍，这一看法低估了圣经立场之为哲学死敌的作用。施特劳斯从来没有也不会公开这么说，因为他认为，本质上非宗教的哲学必须显白为宗教的。如果哲学自认为是公义的生活，这便是哲学的义务，而不只是形式上的敷衍而已。格林强调耶路撒冷对施特劳斯的重要性，这并没有错。但格林把施特劳斯描画为进行神学思考的哲学家和一个认知有神论者，并企图说明，施特劳斯的思想乃是耶路撒冷和雅典两种因素的综合，则失之过当。两种因素的综合或曰妥协在施特劳斯看来是可能的，但并不可取。德鲁利强调施特劳斯的非自由主义和反现代姿态，这在一定程度上讲也没错，但是她的批评没有完全切中施特劳斯的意图，其现代自由主义的布道口吻过于强烈。她认定了这个标准，并以此来衡量施特劳斯以及海德格尔等人。施特劳斯遵循尼采和海德格尔，坚持真正意义上的哲学本质上不合时宜，是其时代的标准而非相反，坚持哲学与现实之间的紧张。根据施特劳斯，古典哲学主张，"人一定不要彻底安居于大地，他必须是整全的一个公民"（*OT*, 212.）。施特劳斯认为，古典哲学家不相信，地上的罪恶可以完全消灭。地上的任何政权，无论多么完善，在哲学家眼中依然不够完善。解读施特劳斯的这个说法时，反过来也应当注意，尽管人一定不要绝对安居于大地，人还是居于大地上。即使想要成为整全的一个公民，一个人仍然要安居于大地，虽然不要绝对安居于大地。如此，隐晦言说和显白言说之别便有其需要。第一章已经论证，有关施特劳斯的论争中有一个各方大都同意的论点，也即，施特劳斯论犹太教的写作为其显白言说。那么，问题在于，如果施特劳斯论犹太教著作为其显白言说，如何理解这个显白言说？现在我们转而来讨论这一点。

5.2 施特劳斯的隐晦还是显白教诲？

上一章我们得出结论说，施特劳斯作为一个学者和一个政治哲学家解读圣经，因此从哲学的角度来理解圣经的意图。作为一个学者，他不得不以客观、怀疑和批评的态度阅读圣经文本，并将耶路撒冷和雅典相提并论。但是，学者身份可能是政治哲学家的一个面孔甚至面具。政治哲学家深深意识到，哲学在根本上威胁其生活其中的社会稳定，也意识到城邦力量对哲学家的威胁。如前所示，施特劳斯的圣经解读阐明了他对耶雅紧张的基本看法。如果他对希伯来圣经的解读为其显白教诲，那么他对耶雅紧张的强调是否也应当被认为是其显白教诲？若果如此，那么，布鲁姆对施特劳斯的一个见解便有问题，因为他认为施特劳斯的私人或曰隐晦教诲是要教人在耶路撒冷和雅典之间做出选择。但是，布鲁姆的观点也非全错。施特劳斯确实认为，古典哲学家，尤其柏拉图及其犹太和伊斯兰追随者，隐晦地教导哲学与宗教的分离，显白地捍卫哲学对宗教的顺敬。但是，布鲁姆将施特劳斯与古典哲学家直接扭在一起，便有问题。

施特劳斯公开强调人类理性和神圣启示之间的紧张，我怀疑他已经在策略上承纳了现代哲学的立场。根据施特劳斯的分析，古代哲学家只在私下隐晦地教导哲学与宗教的分离，而不是以公开显白的方式。使哲学即理性的真理隐晦不明，令资质平常的大多数人难以索解，或者故意令之误解，古代贤哲视此为义务。与此相反，现代启蒙哲学家则将古人刻意隐而晦之的教诲全然公之于众。由于这个事实，施特劳斯认为，"中世纪启蒙运动本质上是隐晦的，而现代启蒙运动本质上则是显白的"（PL, 102—103）。据我理解，施特劳斯是说，现代哲学家将哲学的非宗教本质公之于众。现代哲学家不仅将此本质公布出来，而且公开捍卫这个本质。他们因此宣称要解放被束缚了的人类理性，宣告人类理性的独立，脱离外在权威尤其是宗教权威的束缚。

哲学与神学、理性与启示的公开决裂，这个情况在诸多现代哲学著作中显而易见。例如，培根区分知识为"神学"和"哲学"两大块。哲学的根基乃是自然理性之光，神圣神学则扎根于神圣启示或者说扎根于上帝之言。① 又例如，斯宾诺莎宣称，"启示和哲学立于完全不同的根基之上"并表明，其《神学政治论》的"首要目的"是要把哲学从神学那里分离出来。② 为了分离哲学与神学，现代哲学家拒绝了启示的"自有永有"（"He who is"），并试图只从"存在本身"（"that which is"）的角度谈论形而上学的上帝。而且即使这个作为"存在本身"的上帝也可能是功能性的，为了现代哲学体系的完备性起见。关于这一功能性作用，帕斯卡尔对现代哲学奠基人笛卡儿有一个著名评论："我不能原谅笛卡儿；他在其全部的哲学之中想撇开上帝；然而他又不能不要上帝来轻轻碰一下，以便使世界运动起

---

① Bacon, *Advancement of Learning*, Chicago and London: Encyclopaedia Britannica, 1952, Second Book, pp. 1, 3.
② 斯宾诺莎：《神学政治论》，温锡增译，商务印书馆1996年版，第15、50、194页。同参 Strauss. *PAW*. 165 – 166, 192。

来;除此之外,他就再也用不着上帝了。"① 斯宾诺莎同样也被认为将"自有永有"的上帝转变为"存在本身"。② 仅作为"存在本身"的上帝在斯宾诺莎那里"只是安抚之词",或者说,只是"从文字上声称他的整个哲学从其上帝概念演绎而来"③。

  这些例子表明,现代哲学家公之于众,哲学要与神学分裂。而且,这种分裂不是说要分裂出一个支派,而是从根基上公开分裂。现代哲学将哲学从神学分裂出来的目的在于获得哲学理性的自由。到施特劳斯的时代,哲学理性的自由已经不再是一个秘密,不再是危险的自由。那么,坚持认为,哲学与神学井水不犯河水这个观点乃是施特劳斯的隐晦教诲,岂非缺乏说服力?这里,需要简单归纳施特劳斯所论隐晦(教诲)和显白(教诲)的意思。施特劳斯并没有在单一的意义上使用这两组词。它们至少有三方面的意思,互相各有交叉,但又不尽相同。首先,从哲学家意图方面看,可分别意为"哲学的"和"政治的"。哲学教诲为哲学家的真实意图;政治教诲则为哲学教诲所必须的保护色。其次,从受众之不同看,可分别意为"私下的"和"公众的"。私下的教诲,也即哲学家的哲学教诲,其受众为资质出众的极少数人;而公众教诲则是适应大多数人理解力的教诲。最后,从哲学家的写作艺术看,可分别意为"隐密的"和"公开的"。由于哲学家的精心写作艺术,哲学家向大众隐藏了其隐密教诲,所谓隐藏了,不是藏到看不见的地方去了,而是就在眼前却又

---

① 帕斯卡尔:《思想录》,何兆武译,商务印书馆1985年版,第39页。
② Étienne Gilson, *God and Philosophy*, New Heaven and London: Yale University Press, 1941, p. 103.
③ See H. A. Wolfson, *The Philosophy of Spinoza*, Cambridge: Harvard University Press, 1934, pp. 20 – 22. Cited in Strauss, *PAW*, 188.

令他们视而不见，因为大多数人由于理解力所限，所以看不到。公开的教诲则是篇中写给大多数人看的，也是他们能够看到的。综合起来考虑，施特劳斯之强调耶雅紧张为其显白而非隐晦教诲，这个看法更合理一些。但是，问题仍然没有回答，如何理解施特劳斯的这个显白教诲？

5.3 经由今人回到古人

哲学与神学的分裂自现代以来已经不是秘密。从这个意义上讲，施特劳斯对耶雅紧张的强调是已经公开了的现代调子。根据施特劳斯的说法，古代贤哲以为，这种或者类似的紧张应该对民众隐藏。不过，施特劳斯以一个现代学者的身份谈论这个问题，意在引导资质出众者认识到区分隐晦和显白教诲的意义所在。为求思想和言论自由，现代哲学拒绝了启示神学和外在的超验上帝。但是另一方面，现代哲学发展了内在上帝的观念。一旦哲学获准进入无拘自由的领域，它便可以自由地描述上帝为理性的、道德的或者情感的。上帝成了哲学的一个工具，成了主体的一个崇高对象。① 现代哲学贬抑"自有永有"的上帝，与这种贬抑相伴随的是对哲学思想自由的追求。这种自由一旦名正言顺，哲学思想也不再如其在古代那样，处于岌岌可危状态。如此，现代哲学使得哲学的非宗教本质大白于天下众民。施特劳斯对现代哲学路向的批评可能容易给人一个印象，即他完全是现代性的敌人。他批评现代方案，这没有错。但是不能简单说，他完

---

① 关于现代性对上帝、自然和人的批评分析，可参看 William Desmondm, *Ethics and the Between*, Albany: SUNY, 2001, pp. 17–47.

全是现代哲学的敌人。在施特劳斯的解读中，今贤与古哲显然都坚持哲学的非宗教性质。施特劳斯批评现代哲学的关键在于它公开鼓吹哲学与神学的分裂，并坦承哲学的非宗教本质，令之大白于天下。问题是，施特劳斯不也在做同样的事情吗？正因为如此，强调耶雅之争实为施特劳斯的显白教诲。这显白教诲并非出于明哲保身而敷衍了事，其目的更在于引导现代哲学学徒重新审视温顺谦和的美德，重新思考显白为宗教的路向。因此，没有任何快捷方式可以绕开今人而直接拥抱古人。只有通过今人之路，并以古人之路两相对照，现代哲学学徒才能认识到并有可能回到或者参悟古人之微言大义。

现代哲学意在赢得思想和言论自由，要达成这个目标，需要建立一个容忍自由思想和言论的开放社会。一个开放的社会容忍并愿意听到政治意见的自由表达，至于这是有神论的还是无神论的、基督教的还是佛教的见解，无甚紧要。在这个意义上讲，现代国家的本质基础实际上为无神论。不妨回想海德格尔关于现代两大国家的看法，他一直坚持，从形而上学方面来看，美国和俄罗斯〔苏联〕一样。[①] 海德格尔以为，在这两大制度下，精神丧失了其原有力量。为重振"精神世界的伟大、宏阔和源头"，一个重要的步骤是要再度追问已经被人遗忘的存在问题。海德格尔说，追问存在问题是"唤醒精神的本质性根本条件之一"[②]。因此，海德格尔孜孜不倦地追问存在问题及其意义，并因此越来越深地投入历史，卷入作为存

---

① 海德格尔：《形而上学导论》，熊伟、王庆节译，商务印书馆1996年版，第38、45—46页。
② 海德格尔：《形而上学导论》，熊伟、王庆节译，商务印书馆1996年版，第49页。

在之发生的历史。海德格尔意欲重新激活复苏精神的根本条件，意欲说明去魅世界本身的神圣本质。海德格尔先于施特劳斯强调，哲学生活与神学生活乃是死敌。海德格尔不断地将哲学去宗教化，尤其是去基督教化。但是，海德格尔的思想据说在骨子里仍然是宗教的。其弟子之一洛维特（Karl Löwith）指出，海德格尔所说一切受没有说出的宗教动议所鼓动。这种宗教动议，"对于那些不再是虔诚基督徒却还想要宗教的人来说，尤其动人心弦"①。此外，施特劳斯也指出，在海德格尔的思想中，政治哲学的位置"为诸神所占据"（SPPP, 30）。②

施特劳斯诊断和批评现代性的激烈程度，在许多方面不亚于海德格尔，但是他对现代危机的"病理报告"则有所不同。③ 施特劳斯并没有将现代世界及其哲学的危机归因于其内在的非宗教性，而是倒过来，归因于现代哲学直率显白了的非宗教性。论及中世纪贤士哲人之时，施特劳斯说道，

---

① Karl Löwith, *Denker in dürftiger Zeit*, Göttingen: Vendenhoeck & Ruprecht, 1960, p. 111. Cited in L. Berns, "Heidegger and Strauss: Temporality, Religion and Political Philosophy", *Interpretation*, Vol. 27, No. 2, (Winter 1999–2000), p. 102.
② Dallmayr之论施特劳斯与海德格尔的一致在我们看来也有助于理解他们的不同："令人好奇的是，施特劳斯诉诸古典思想的例子而强烈坚持哲学与神学之分离的同时，也证明了海德格尔所描述之'本体—神学'传统的有效性。另一方面，海德格尔在寻求超越这一传统之时，并没有因此隔绝信仰，只是更完全地证实了前所提及的无力〔也即，哲学之无力跨越信仰的门槛〕。" （Fred R. Dallmayr, *Polis and Praxis, Exercises in Contemporary Political Theory*, Cambridge and London: The MIT Press, 1984, p. 45.）
③ 据Luc Ferry之见，"施特劳斯对现代性的政治批判"乃受"海德格尔现象学"激发。（Luc Ferry, *Political Philosophy: Rights-The New Quarrel between the Ancients and the Moderns*, trans. Franklin Philip. Chicago & London: The University of Chicago Press, 1990, p. 3.）Pippin批评Ferry忽略了"施特劳斯和海德格尔之间的巨大不同"和施特劳斯对海德格尔之历史主义的抨击。（Robert B. Pippin, "The Modern World of Leo Strauss", *Idealism as Modernism: Hegelian Variations*, Cambridge: The Cambridge University Press, 1997, p. 217.）我加上一点评论，施特劳斯对海德格尔之历史主义的抨击关乎他对海德格尔思想之隐在宗教动因的批评。

> 典范哲学家……认为，哲学家在言词及其行动上顺从其思想并不顺从的宗教，这完全正当，而且，哲学教诲本身必须要有一种显白教诲相伴，他以为这是自然而然的事。（*PAW*, 182.）

如此描述典范哲学家也可视为对现代哲学的一个批评，因为现代哲学教诲试图抛弃与哲学教诲相伴随的显白教诲。如前强调，现代哲学公开以单纯"存在本身"取代"自有永有"。其非宗教本质明显可见。单纯"存在本身"乃是非位格的。如吉尔松（E. Gilson）指出，斯宾诺莎可以爱他的上帝，但是他从来不期望为他的上帝所爱。吉尔松抨击哲学与宗教的分离，意在说明，"任何宗教的上帝，若其真实名字不是'自有永有'，不过一个神话"，并且宣称"哲学家的上帝即是自有永有，是亚伯拉罕、以撒和雅各的上帝"①。所以，从吉尔松的观点来看，现代哲学看不见其非宗教上帝的深层宗教根源。

与此相反，施特劳斯则认为，无论现代还是古代的哲学，其思想本质是非宗教的。他依然认同帕斯卡尔和现代启蒙者关于"自有永有"与"存在本身"两者不可通融的态度。但是，同时强调两者的分离，其去向却可各有不同。帕斯卡尔贬抑"存在本身"而宏扬"自有永有"，现代启蒙者的姿态则恰恰与此相反。施特劳斯谈论耶雅之争，其立场在哲学。因此，施特劳斯对耶雅紧张的强调，坚持了现代启蒙者而非帕斯卡尔的立场，尽管对现代启蒙者的策略不无怀疑

---

① Gilson, *God and Philosophy*, 103 – 104, 144. 比较 Paul Tillich, *Biblical Religion and the Search for the Ultimate Reality*, Chicago: The University of Chicago Press, 1955, p. 85. 蒂利希有类似结论，但论证有所不同。其论证大致如此：不是存在本身的上帝，则不是真正的上帝，即，不是信仰者的上帝。

和批评。从这个角度来看，施特劳斯已经是一个"现代"哲学家。但是，施特劳斯与现代启蒙者也有重大分歧。现代启蒙者将古代贤哲可以隐藏的东西公之于众，因此他们在思想上和言语上都十分彻底。这种彻底性刻画了剥离掉显白教诲的哲学特性。施特劳斯以为，现代哲学对显白教诲的有意识放弃对于哲学和社会来说是一个伤害而非进步。因此，他再三强调显白教诲之于哲学的重要性。这是他与今人最根本的分歧。

关于哲学与神学的分离，施特劳斯的口吻远较现代启蒙者温文尔雅。现代启蒙者的意图十分明显，要使哲学脱离神学的藩篱，令自由意志摆脱宗教的掣肘。施特劳斯则有意采取一种貌似中立的谈论方式。他谈论"耶路撒冷与雅典之间的紧张"而非"哲学之脱离神学"。前一种谈论方式给予双方同样的敬意，同时又强调它们互相之间的不可通融。后一种方式则显然预先决定好要与启示神学划清界限，并实际上嘲笑启示神学为偏狭甚至迷信。

现代启蒙者企图解放自由意志免受宗教束缚。与此相反，施特劳斯则强调，自由意志有必要约束其自由。从这个角度来看，罗森认为施特劳斯关于犹太教的论述不过是对希伯来传统表面上的附庸风雅，这个观点有过度简化之嫌。显白教诲不能简单视为纯粹的附庸风雅。实际上，施特劳斯以为，显白教诲起同时保护哲学和神学的作用。但是，这教诲不只是哲学的一种保护色，它关系到哲学严肃谨慎的自我省察，这可以杜绝哲学对任何人的伤害。[①]

[①] 思考施特劳斯对海德格尔思想的反思，以明显白教诲之实际意义。施特劳斯指出，"海德格尔的思想中没有政治哲学的位置"。他将此同海德格尔的政治选择连在一起考虑，因而指出，海氏之政治选择"与其哲学思想内核关系紧密"（SPPP. 30 – 31.）。

简而言之，施特劳斯的圣经解读为其显白教诲，意在引导解放了的自由意志再度显白为宗教。施特劳斯本人即为佳例之一，试图令激进的哲学重识温顺姿态的意义。作为一个学者，他以貌似中立的口吻同时谈论耶路撒冷和雅典，这很好地说明了一个政治哲学家的温顺德性。第一章末尾部分曾引述洛文萨尔的话说，施特劳斯意在设置障碍，而且"确定无疑已经给那些寻求哲学之路的人设置了巨大的障碍。"我们曾留下这样一个问题，即为什么应该为寻求哲学之路的人设置巨大的障碍。现在，答案比较清楚了。显白教诲乃是进入哲学路途的巨大障碍。谁若想进入这条道路，其入门教育即为显白对宗教的重要性。

与显白教诲相伴随的哲学教诲当保持警醒，时刻注意来自其"死敌"神学的根本挑战。另一方面，如施特劳斯解读，圣经也十分警醒地防范来自哲学的威胁。谈论耶路撒冷和雅典之间的紧张，不只是陈述神学和哲学、顺敬生活和哲学生活之间的冲突和不可通融，更重要的是，雅典之为雅典当显白地顺从其宗教权威。那么，我们有没有可能反过来推断说，耶路撒冷之为耶路撒冷同样也不是全盘否定而是显白地贬抑哲学自由？

5.4 施特劳斯立场的难点

现在的问题是，从施特劳斯的解读来看，是否圣经也有其显白教诲？简单比较施特劳斯和斯宾诺莎的相关立场，对理解这个问题颇有帮助。在这个问题上，施特劳斯至少在如下三点上和斯宾诺莎持同样立场。首先，哲学和神学的立足点完全不同。其次，"圣经的目的只在教诲顺敬"。最后，圣经乃"尽可能地迁就大众的理解力"而写成。① 因此，对施特劳斯和斯宾诺莎来说，圣经乃是"通俗之书"，而且"圣经的实践教诲认同真正的实践教诲，也即哲学的实践后果"。(PAW, 194, 197.) 这就是说，圣经和希腊哲学都显白地教导顺敬。如果哲学隐晦地教导自由钻研，如果圣经也有其隐晦教诲，那么圣经隐晦地教导什么？施特劳斯没有问这一问题。也许出于无心，也许因为有意。施特劳斯可能会如斯宾诺莎那样，否认可以在其实践意义之外另行解读圣经。斯宾诺莎坚持认为，圣经作为"通俗之书"，实践教诲为其唯一的意思。这个教诲"意在令人顺敬而非有学识"。斯宾诺莎以为，圣经的唯一正确读法是显示其字面意义，因为圣经乃是"为民众和无学识的大众"而写的。② 故此，从隐喻层面解读圣经被否定为歧途。

从施特劳斯的解读角度和细节来看，他基本上遵循了斯宾诺莎的解读方法。他正是根据斯宾诺莎认为的圣经字面义或实践教诲来解读圣经的。但是，他们只是否定了隐喻阐释的可取性，并没有否定其可能性。这样便还留有猜想的空间，从而令人进一步思考，如果并没有从一开始就预设哲学和神学之间互相冲突的不可通融，那么是否圣经的隐喻解读很可能是可取的。如前分析，对施特劳斯和斯宾诺莎来说，哲学的显白教诲同于圣经的实践教诲。这意味着，哲学和神学两者都教导顺敬，迁就大众的理解力。这样，不免令人顿生看似荒谬的疑问，是否神学也隐晦地教导同于哲学教诲的东西。施特劳斯强调哲学与神学之间的紧张，看起来哲学与神学完全水火不容。但是仔细分

---

① 斯宾诺莎：《神学政治论》，温锡增译，商务印书馆1996年版，第15、85、195页。
② 斯宾诺莎：《神学政治论》，温锡增译，商务印书馆1996年版，第192页。

析可以看出，施特劳斯强调的是哲学的隐晦教诲和圣经的实践教诲之间的紧张。显然，如果圣经同样有其隐晦教诲，这个紧张的结构便显然不对称。这一不对称结构令人疑问，圣经的隐晦教诲可能是什么，哲学的隐晦教诲与圣经的隐晦教诲是什么关系，以及耶路撒冷和雅典是否在其最深的根源处有其交合之处。

这一紧张的不对称结构可以引发两个问题。第一个问题，圣经是否也隐晦地认为，哲学生活比通俗生活更可取？斐罗（Philo）对圣经的隐喻解读无疑提供了这一问题的最好说明。斐洛解读第一个创世为无形相天地的创造，第二个创世则为有形世界的创造。斐洛以为，由尘土造成的人代表着肉身的人，为灵魂和身体的混合。他以为，人、女人和蛇分别代表思想、感知和欲望。[1] 斐洛的解读显然也出于柏拉图传统，但是这个传统截然不同于施特劳斯的读法。第二个问题，难道圣经也隐晦地教诲，如同哲学家被认为在心中暗语，没有上帝？这个问题似乎十分荒谬。但是施特劳斯的圣经解读需要回答如此荒谬的问题。当然，施特劳斯没有提这个问题。也许，他没有必要再问这个问题。引导读者认识到耶雅紧张的不对称结构也许已经足够了。至于接下来的问题，则留待读者自己作判断。难道这就是斯宾诺莎和施特劳斯为什么要否弃所有非从字面解经道路的原因？

因此，根本问题还在于施特劳斯设定，哲学本质上或者隐晦地乃是非宗教的。不可忽视，施特劳斯孜孜不倦地试图引导得自由的自由

---

[1] Philo, *Works*, trans. F. H. Colson and G. H. Whitaker, London: Heinemann, 1971. Idem, *Questions and Answers on Genesis*, trans. Ralph Marcus, Cambridge: Harvard University Press, 1979, book 1, section 19, p. 47.

意志看到显白教诲的意义,试图提醒激进的头脑有必要显白地顺从宗教。但是这不妨碍这样一个结论,即哲学对施特劳斯来说隐晦地是非宗教的,或者说,哲学通过脱离宗教而来到这个世界。丹豪瑟以为施特劳斯在言语行为上乃是忠诚的犹太人和美国的好公民,但在思想上则是一个无神论者,此论较为妥当。①

根据施特劳斯的读法,苏格拉底对阿波罗以及雅典法律的顺从,苏格拉底临死前要求克力同祭献一只公鸡给医药神阿斯克勒匹乌斯,这些都是哲学家的显白教诲。梅洛-庞蒂(Merleau-Ponty)同样认为,哲学少数和非哲学多数所立根基不同。但是他认为,苏格拉底的虔敬比通俗的虔敬更高尚,因为"苏格拉底真心实意信奉宗教和城邦。他们〔民众〕的信奉则拘泥于字句。他和他的法官立于不同的根据之上"②。针对这个观点,施特劳斯可以反对说,自视高出通俗虔敬的哲学虔敬恰恰说明了,它在众人眼中为不敬。可以看出施特劳斯立场中的一个关键点,神学总是和政治绑在一起。施特劳斯的好友克莱恩(Jocob Klein)曾说,施特劳斯主要关心两个问题:"一、上帝问题;二、政治问题。"(*GA*, 458.)施特劳斯本人则说,"神学—政治问题"或曰"神学—政治困局"为其研究"主题(*the* theme)"。(See *PHPW*, 453;*PSCR*, 1.)因此,上帝问题和政治问题对施特劳斯来说并非两个问题而是同一个问题。

在施特劳斯的思想中,虔敬总是与政治联系在一起,不管以隐晦

---

① Gildin 不同意丹豪瑟的结论。但依我之见,丹豪瑟的读解比较恰当。Cf. H. Gildin, "Déjà Jew All Over Again: Dannhauser on Leo Strauss and Atheism", *Interpretation*, Vol. 25, No. 1 (Fall 1997), pp. 125–133.
② Merleau-Ponty, *In Praise of Philosophy*, trans. John Wild & James M. Edie, Evanston: Northwestern University Press, 1963, 37. Italics original.

的还是以显白的方式。如果上帝问题和政治问题乃是两个不同的问题，施特劳斯可能会对耶雅之争有不同考虑。哲学被定义为对整全的清晰而理性的说明。但是，要是"哲学概念，作为自主的、自我限定之理性，只是部分真理呢？"[①] 对这些问题的回答超出了本文所能承担的任务。作为结语，我想以问题的方式说明施特劳斯立场的难点，以供进一步思索。第一个问题，如果圣经也有隐晦教诲，它与哲学之隐晦教诲有什么关系？第二个问题，哲学本质上必须为非宗教的吗？哲学本质上必须不顺敬吗？第三也是最后一个问题，神学为什么必须要跟政治绑在一起考虑？施特劳斯解读圣经的立场，以及其一般哲学立场，是否根基稳固，与这些问题休戚相关。

[①] William Desmond, "Hyperbolic Thought: On Creation and Nothing", *Framing a Vision of the World: Essays in Philosophy, Science and Religion*, eds. André Cloots & Santiago Sia, Leuven: Leuven University Press, 1999, p. 25.

《霍布斯的政治哲学》的目的及其影响*

一

施特劳斯的思想道路起自对现代哲学家的研读,他的第一本书题为《斯宾诺莎的宗教批判》(1930),着重研究斯氏《神学政治论》。可以说,这本书已经预示了施特劳斯接下来的研究方向。它讨论了斯宾诺莎的近代前辈霍布斯,并着重考察了斯氏对其中古先贤迈蒙尼德的批判,以及这个批判的有效性。三十年代中期,施特劳斯几乎同时出版了两本书,《哲学和律法:论理解迈蒙尼德及其先驱者》和《霍布斯的政治哲学:其基础和演生》(英译本,其德文原稿要到1965年才在德国面世)。德国学者迈尔(Heinrich Meier)认为,这两部著作的写作标志着施特劳斯思想道路的一个转向,即转向柏拉图式的政治哲学,此时以及此后施特劳斯所写的所有著作,"都可以被称为神学—政治论"[①]。

---

* 列维·施特劳斯(Leo Strauss):《霍布斯的政治哲学》,申彤译,译林出版社2001年版,第207页。
[①] 迈尔:《隐匿的对话:施米特和施特劳斯》,朱雁冰、汪庆华等译,华夏出版社2002年版,第129—74页,引文见第166页。

耶路撒冷抑或雅典？施特劳斯四论

《霍布斯的政治哲学》是为施特劳斯在英语世界赢得名声的第一本书。在为此书所作的序言中，英国政治哲学史家巴克尔（Ernest Barker）赞誉此书为解释霍布斯作出了新的原创贡献。① 奥克肖特（Michael Oakeshott）当时为此书写了一篇篇幅不短的书评，虽不乏批评，但总体上十分推崇。② 半个多世纪过去了，这本书在霍布斯学人中仍然以争议不断的形式有其影响力。总体上来看，此书在霍布斯学人中的影响主要有两方面。其一属历史问题，涉及一部手稿的作者权讨论，其二属义理问题，涉及霍布斯思想转折问题。第二个方面尤为重要。第一个影响属于施特劳斯当时的偶然发现。查尔沃斯的霍布斯文献中，有一部通常不被认为是霍布斯作品的手稿。施特劳斯则根据研究判定，这部手稿属于霍布斯的作品；即使不是出自霍氏之手，他也对该稿的写作有决定性的影响。这部手稿的作者问题是确立施特劳斯全书总论点的一个证据。从他和科耶夫的通信中可以看出，当时他对此发现感到多么兴奋。③

施特劳斯对这个偶然发现的重视在于它是全书基本论点的一个证据，但这并不是施特劳斯唯一的论据，此外的论据还有霍氏为其修昔底德《伯罗奔尼撒战争史》英译文所写的引言，和根据亚里士多德《修辞学》编撰的两篇作品。利用这些证据，施特劳斯旨在确立这样

---

① Ernest Barker, "Foreword to The Political Philosophy of Hobbes", in Leo Strauss, *The Political Philosophy of Hobbes, Its Basis and Its Genesis*, trans. Elsa M. Sinclair, Chicago: The University of Chicago Press, 1952, 1936.
② 奥克肖特的长书评《施特劳斯博士论霍布斯》（"Dr. Leo Strauss on Hobbes"）最初发表在 *Politica* 2 (1936 – 37)：364 – 79，后来收入其 *Hobbes on Civil Association* (Berkeley: University of California Press, 1975), pp. 132 – 149。
③ See L. Strauss, *On Tyranny, Including the Strauss-Kojève Correspondence*, eds. V. Gourevitch and M. S. Roth, Chicago, The University of Chicago Press, 2000, pp. 225, 227.

一个观点：霍布斯政治哲学的真正基础并不在于近代自然科学方法，这个基础早在后期霍布斯运用新科学方法之前已经确立，而且并没有因为新方法的引进而有所变更。施特劳斯将论证这个论点看作这本专著的"特定目的"（"前言"，页4）。

施特劳斯指出，霍氏政治哲学用个体的自然权利取代国家权利和个人义务作为出发点，从而使法从属于权利概念。以尊崇律法还是鼓吹个人权利作为出发点，施特劳斯以为这是古代和近代政治哲学的一个根本分歧。与此相关，主权在霍布斯那里也成了一个问题。主权问题在古代也就是统治权问题，应该由谁统治的问题。古代的答案为应该由律法统治。但是律法的基础又在哪里？那些不赞同律法之神学起源的古代哲学家们认为律法扎根于自然理性，并坚持这个自然源头先于任何成文法。犹如灵魂的三个部分应该以理性为尊一样，政治体也应该由最理性的人或者说由正确的理性来统治。所以，最理想的国家是哲人王的统治（不是现实中最理想的，而是理想中最理想的统治）。因为实现这个理想的可能性极低，现代政治哲学家于是放弃了这个理想，从而转向求索现实中最为可行的方案。古代政治哲学家的答案以尊崇理性为前提，而这个前提又以人与人之间的理性禀赋差异作为前提。然而，霍布斯否认了这个理性主义人性论，否认了理性和激情的差别，否认了人与人之间的理性禀赋差异。霍布斯国家论的根本在于人对死的恐惧，尤其是对暴力死亡的恐惧。人之道德政治的基础在于死亡恐惧，这与传统以荣誉为基础的道德政治观念截然相反。根据霍布斯的看法，正是出于恐惧这个激情形式，人才趋向放弃他的自然权利而按约结成主权国家。施特劳斯在全书最后一章对比分析霍布斯与柏拉图，论证现代政治哲学和古代政治哲学的根本分歧。不过这个论证在这本书中没有充分展开，施特劳斯后来在《自然权利和历史》（1953）以及《什么是政治哲学?》（1959）中才对此作了进一步的发展和修正。

这本书的首要目的，是要清除这样一种观点，即认为霍布斯的政治哲学以近代科学为基础。施特劳斯认为，霍布斯政治观并没有因为他借鉴引用近代科学方法而有所改变。施特劳斯的这个论点在霍布斯学人中争议不断，并因此被学者命名为"施特劳斯问题"（das Leo-Strauss-Problem）或者"施特劳斯命题"（the Strauss thesis）[1]。霍布斯学人的争点主要在于，霍氏的政治思想与其哲学思想之间到底是互相独立还是有根本一致，霍氏的思想演进有没有在根本上转向近代科学。而对施特劳斯本人的思想演进最重要的最后一章，霍布斯学人多敬而远之，少人问津。这一章基本上确立了现代政治哲学和古代政治哲学的根本断裂问题，施特劳斯后来修正了此书的一个观点，即霍布斯是现代政治哲学的奠基人。他把这个头衔先转给了马基雅维里，后来又转给了维科（参施特劳斯1971年为《自然权利和历史》第七次印刷所写的序言）。尽管如此，关于古人和今人的根本分歧的论述并没有因为这个修正而有所改变。另外，施特劳斯虽然后来不再认为霍布斯为现代政治哲学的奠基人，但霍布斯仍然是现代政治哲学最典型的代表人物。[2]

---

[1] Bernard Willms, *Thomas Hobbes: Das Reich des Leviathan*, München: Piper, 1987, pp. 244 – 245; J. W. N. Watkins, *Hobbes's System of Ideas: A Study in the Political Significance of Philosophical Theories*, New York: Barnes & Noble, 1969, pp. 30 – 34.

[2] 60年代的《城邦与人》（*The City and Man*）主要分析古典政治哲学和政治历史的三个文本，其中提到最多的现代政治哲学家是霍布斯。另外，70年代的遗稿《柏拉图〈律法〉的论辩和情节》（*The Argument and the Action of Plato's Laws*）唯一提到的现代政治哲学家也是霍布斯。

二

与《霍布斯的政治哲学》同时的《哲学与律法》同样强调古人和今人的根本分歧，但侧重点有所不同，施特劳斯因之著称的"隐晦—显白论"已经显然其中，这一观点后来在《压迫和写作的艺术》（1952）中得到充分发挥。霍布斯学人多数撇开了施特劳斯而争论"施特劳斯问题"；进一步说，基本上撇开了施特劳斯所理解的政治哲学，而争论施特劳斯所论"霍布斯的政治哲学"。在这些争论中，施特劳斯对"什么是政治哲学？"的特殊理解被完全忽略了。施特劳斯强调的政治哲学，是对政治生活和哲学生活的双重保护，并不只是对政治事件的哲学反思，也不同于现代意义的政治理论。在施特劳斯的思想史谱系中，政治哲学本身有一个现代断裂，而这个与古代政治哲学的断裂又酿成了政治哲学趋于消亡的后果。现代政治哲学虽然与古代政治哲学在根基上决裂，但是政治哲学的自觉仍然没有间断，直到18世纪。政治哲学的没落与19世纪的历史意识兴起息息相关。可以说，霍布斯学人所争论的"施特劳斯问题"并不完全是施特劳斯的问题。离开了施特劳斯理解的政治哲学，"施特劳斯问题"变成了非施特劳斯意义上的政治哲学问题。这个争论中的"政治哲学"和施特劳斯讨论霍布斯政治哲学想要突出的"政治哲学"，在根本上是两种不同意义上的政治哲学。不过，这种区别本身在施特劳斯这本书中表现得也还不是特别明显，一个原因也是施特劳斯这时候还没有完全确立他自己对政治哲学的独到理解。不过，在最后一章关于苏格拉底第二次航行的分析中已经露出基本面貌。而《压迫与写作的艺术》

以及之后的著作，施特劳斯理解的政治哲学便表达得十分清楚了。霍布斯学者大多只注重这本霍布斯专著，或者就算同时参考《自然权利和历史》论霍布斯的那一部分，也鲜有注重施特劳斯本身对政治哲学的特殊理解。但是，为什么一定要从施特劳斯的意义上理解"霍布斯的政治哲学"，为什么要局限于施特劳斯的观点？从学术的角度来看，这个抗议自然有效。

同样以研究政治思想史或者观念史著称的剑桥学派，其领军人物之一斯金纳（Quentin Skinner），在一篇奠定了其研究思想史方法论的著名文章中，批评了一大批知名的和无名的学者，其中包括施特劳斯。[①] 据斯金纳观察，这些学者全都犯了思想史研究中十分要命的错误，制造了很多荒谬的神话言说。他们要么认定这些历史文本教导永恒的真理，要么断章取义以己意窜解文本，要么以当前的哲学概念分解历史作品，要么从互相矛盾的论断中硬是归结出作者思想的一致性，要么在没有历史事实证据的情况下牵强附会前后思想家的影响关系。斯金纳这篇解神话化的文章把所有这些错误大致归为三种神话言说：学说神话（mythology of doctrines）、一致性神话（mythology of coherence）和预期神话（mythology of prolepsis）。斯金纳的这篇文章写得颇为痛快淋漓，确实点出了思想史研究方面一些积重难返的弊病。呼吁历史地理解历史文本这个观点也值得欣赏。斯金纳和施特劳斯都赞同历史地理解经典文本，也就是说，都主张尽可能准确地理解作者的原意。不过，两人所理解的"历史地理解"在骨子里大相异

---

① Quentin Skinner, "Meaning and Understanding in the History of Ideas", in *Visions of Politics*, Ⅰ: *Regarding Method*, Cambridge: Cambridge University Press, 2002, pp. 57–89.

趣。也正是在这点上，斯金纳和施特劳斯截然相反。施特劳斯认为，在经典著作中作者们在讨论（他们认为的）永恒真理。要历史地理解经典作者的教诲，就要彻底吃透文本精意，像作者理解自己那样去理解他们，以求得作者原意。斯金纳则以为，经典文本关心的是它们时代的问题，而不是我们时代的问题，每个时代有每个时代关心的问题。因此，斯金纳认为，"哲学中没有任何永恒的问题"[①]。要想正确理解这些历史文本，就要从它们的社会历史背景和历史语汇框架来理解或者进一步批判它们，否则就会造出很多神话言说。两者到底谁是谁非，或者各有道理，需要进一步讨论。简单来看，斯金纳的批评是否对所有被批评者都公平，他自己在批评那些学者的时候是否也犯了断章取义或者其他类似的错误，也是值得探讨的问题。[②]

斯金纳对施特劳斯的批评，点子找得很准，这正是施特劳斯研究思想史的根本立足点。但是斯金纳的批评显得过于轻忽和简化，他完全忽略了施特劳斯本身对这些误区的深刻反思。这个反思本身丝毫不

[①] Skinner, *op. cit.*, 88.
[②] 剑桥学派的学者们热心倡导"古典共和主义"或者"文艺复兴共和主义"，宣扬自由主义的这条替代道路。马基雅维里是他们所倡导的"古典共和主义"理念的经典作家。在《自由主义之前的自由》（*Liberty before Liberalism*, Cambridge: Cambridge University Press, 1998）中，斯金纳也把以马基雅维里为代表的"古典共和主义者"叫作"新罗马主义作家"或者"新罗马主义理论家"，他论证在国家和自由理论方面新罗马主义政治观如何优于自由主义政治观。与施特劳斯最初的看法类似，斯金纳把自由主义政治观念回溯到霍布斯。他还把从霍布斯到罗尔斯、诺齐克和"他们无穷无尽的门徒"这条路线的政治观念称为"哥特式的政治观"（Skinner, *Visions of Politics*, II: *Renaissance Virtues*, Cambridge: Cambridge University Press, 2002, 161）。简单言之，共和主义对自由主义，或者新罗马政治观对哥特式政治观，基本上与马基雅维里对霍布斯这两位伟大思想家的对比相对应。关于剑桥学派包括斯金纳在提倡共和主义理念时是否误读误用马基雅维里，参考 John P. McCormick, "Machiavelli against Republicanism: On the Cambridge School's 'Guicciardinian Moments'", *Political Theory*, Vol. 31, No. 5, Oct. 2003, pp. 615 – 643。

耶路撒冷抑或雅典？施特劳斯四论

弱于斯金纳在这篇文章中所作的方法论反思。是否用"学说神话"就可以简单打发施特劳斯的研究路子？和施特劳斯一样，斯金纳也批评伯林的自由概念；但是斯金纳在哲学根基上和伯林有一个相同看法，就是认为各个历史时代、各个社会各有自己的价值观念，只能从这些价值观念的历史的、社会的和语言的土壤去理解诞生其中的各种经典文本。进一步来说，斯金纳和伯林都主张"价值多元论"或者"价值相对论"。和这一点对应，斯金纳赞同后期维特根施坦及其弟子的一个观点，即认为语言的意义就是语言的用法。他直接把这个哲学主张应用到政治思想史或观念史领域，所以极力主张从历史语汇框架中去理解经典文本。而斯金纳思想史方法论背后的价值多元论和相对论，也正是施特劳斯毕生反思和批判的对象之一。在施特劳斯的反思中，斯金纳方法论背后的哲学基础本身大有问题。斯金纳直接认可这个哲学思想，并用以分析思想史问题。所以说，斯金纳对施特劳斯的批评太过轻忽了。他不但没有注意到施特劳斯在解释路径方面有深刻反思，也没有注意到，他用以分析思想史的哲学观念本身，施特劳斯曾有彻底的反思和质疑。[1] 从这一点来看，施特劳斯在这方面比斯金纳要走得更深更远一些。另外，斯金纳也没有注意到或者有意忽视了，他所谈论的和施特劳斯所谈论的政治哲学其实并不完全吻合。

---

[1] 参 Leo Strauss, "Relativism", in *The Rebirth of Classical Political Rationalism: An Introduction to the Thought of Leo Strauss*, ed. Thomas L. Pangle, Chicago: The University of Chicago Press, 1989, 13 – 26, especially 13 – 18. 关于施特劳斯和伯林的详细讨论，参刘小枫《哲学、上帝和美好生活可能性——施特劳斯的政治哲学和神学》，《道风：基督教文化评论》，14（2001春季号）。

三

1932年，施特劳斯为施米特《政治的概念》写了一篇很重要的评注。在这个评注的结尾，施特劳斯说施米特对自由主义的批判还停留在自由主义的视界之内。"职是之故，人们只有成功地突破了自由主义的视界，才算完成了施米特提出的对自由主义的批判。在这个世界之内，霍布斯完成了自由主义的奠基。所以，只有在充分理解霍布斯的基础上，才有可能彻底批判自由主义。"① 从这个结语来看，施特劳斯的霍布斯著作应该是在这个方向上所作的一个尝试。但是，从全书结构和论证来看，只有最后一章才朝这个方向努力。而这个努力只有通过和《自然权利和历史》和《什么是政治哲学？》（1959）的写作才显得完整。从这个角度上来看，在霍布斯学人中不断争论的两个问题，其实并不是施特劳斯《霍布斯的政治哲学》一书最后关心的根本问题。被撇开的最后一章才是。如迈尔所说，除去最后一章之外，《霍布斯的政治哲学》"最接近'思想史'研究的惯例和标准，最远离施特劳斯自己独特的切入方式，最远离他作为诠释家的哲学特征"②。查尔沃斯手稿的作者权问题不过施特劳斯的一个偶然发现，而且施特劳斯也并不纠缠于历史考订问题。他断定这手稿是霍布斯作品，同时也表示就算不是霍布斯所作，他对这部手稿的写作也有决定性的影响。这已经足够了。"施特劳斯问题"或者"施特劳斯命题"

---

① 施特劳斯：《〈政治的概念〉评注》，刘宗坤译，载刘小枫选编《施米特与政治法学》，上海三联书店2002年版，第1—25页，引文见第24—25页。
② 迈尔，前引书，页156—57。

耶路撒冷抑或雅典？施特劳斯四论

也就是这本书的"特定目的"（论证霍布斯政治哲学的真正基础不是近代科学）也只是为最后一章所提出的论点廓清道路。套用其评注中的话来说，要理解霍布斯作为现代政治哲学和现代自由主义的奠基人，首先要充分理解霍布斯政治哲学的真正基础。要想理解这个基础，首先要廓清道路。霍布斯学人争论不休的这两个问题，为施特劳斯在霍布斯学术界赢得地位。但施特劳斯自己后来并不太着重这两个问题，第一个问题此后他鲜有提及，第二个问题基本上作为已经论证过的观点直接提出。

施米特颇为看重施特劳斯的 1932 年评注，他在 1938 年也出版了一本论霍布斯的专著。令人好奇的是，他并没有提到施特劳斯两年前出版的这本霍布斯专著，倒在注释里提及施特劳斯的第一本书中论霍布斯的部分。为什么施米特没有提这本书？这个问题很难有十分确切的答案。一种可能是施米特并没有看到这本书。但是，施米特著作中不乏对英语文献的征引，更何况他曾十分欣赏这本书作者对《政治的概念》所作的评注。所以，这个假设虽有其可能性，但是又不太可能。另一种可能是施米特看到了这本书，但是有意忽略了它。据迈尔的仔细研究，施米特 1965 年在提到 Samuel I. Mintz《猎逐利维坦》[1]一书时，还间接批评了施特劳斯《自然权利和历史》中的霍布斯论述。[2] 问题是，为什么施米特忽略了施特劳斯的这本霍布斯专著？明确的答案只有施米特自己知道，我们只能猜想。假设施米特看到这本书，但有意忽略了它，可能的原因会是什么？不妨再来看这本书涉及

---

[1] *The Hunting of Leviathan*, *Seventeenth-Century Reactions to the Materialism and Moral Philosophy of Thomas Hobbes*, Cambridge：The Cambridge University Press, 1962.
[2] 迈尔，前引书，页 52 注 1。

的问题。手稿作者权问题无论对施特劳斯还是施米特都不是一个关键问题，这只不过多了一个历史论据而已。最后一章关于古今政治哲学的对比在《自然权利和历史》中有更详细的发挥，施米特后来也曾暗中引导读者注意《自然权利和历史》中论霍布斯的部分。另外，施米特 1963 年为其《政治的概念》作了许多补注，其中一条长长的补注，论称霍布斯的政治学说"绝对没有关闭通往超验的大门"，指出"耶稣是基督"这个信条乃是霍布斯自己的信仰和信条。接着他就说，这个断言在霍布斯那里"不是纯粹阴谋诡计式的保护性断言，不是有意图的或危急中的说谎，以便在迫害和审查面前保全自己。"①虽然施米特这里并没有提到施特劳斯的名字，但目标可能就是施特劳斯，只有施特劳斯才从施米特所攻击的这个角度去理解霍布斯。[与施特劳斯的理解有类似看法的一篇文章，是奥克肖特作于 1960 年的《霍布斯著作中的道德生活》。在这篇文章中，奥克肖特在考虑如何解释霍布斯文本中相互矛盾的论断时，认为只有运用双重性解释才比较合理。所谓双重性解释，就是认为霍布斯的作品尤其《利维坦》之中，存在着两种教诲，一种是"隐晦的"教诲，其教诲对象是少数"登堂入室者"（the initiated），他们的脑袋足够硬朗，承受得住怀疑论带来的晕眩；另一种是"显白的"教诲，教诲对象则是平常人，新奇的思想必须对他们显出老生常谈的样子。奥克肖特还说这种解释可以同样适用于分析柏拉图、马基雅维里和边沁的作品。② 奥克肖特没有说明他这个思想得自何处，但很有可能从施特劳斯那里学来的，

---

① 施米特：《政治的概念》，《施米特文集》第一卷，刘小枫编，刘宗坤等译，上海人民出版社 2003 年版，第 187 页以及上下文。
② Oakeshott, *Rationalism in Politics*, London: Methuen, 1977, 1962, pp. 287–288.

施特劳斯的《压迫和写作的艺术》和《自然权利和历史》出版于50年代初，《什么是政治哲学？》出版于50年代末。[1] 奥克肖特没有突出强调政治哲学作为哲学的自我保护这一层意义，而施米特这里攻击的恰恰是这一点。]政治哲学之为哲学的自我保护这个角度在施特劳斯的霍布斯著作中还不明显，在《压迫和写作的艺术》之后的《自然权利和历史》才十分明确。《霍布斯的政治哲学》最后一章提出来的问题在《自然权利和历史》那里才有其成熟形式。从这一点来看，施米特暗中针对《自然权利和历史》却略过《霍布斯的政治哲学》，也就不奇怪了。

那么，最后需要解释的一点便是这本书的"特定目的"了。这个目的就是要揭示霍布斯"政治哲学的真正基础，不是近代科学"。施特劳斯论证道，霍布斯自写修昔底德《伯罗奔尼撒战争史》英译文序言之后，其关于政治和道德方面的观点就没有动摇过，在根本上并没有因为他试图把近代科学方法引入其思想系统这一努力而受到影响。这个在霍布斯学人中倍受重视的问题，施米特有理由完全忽略。为什么？因为这个论点，施米特早在20年代初就说过了。在《政治的神学：主权学说四论》（1922）中，施米特已经下过这个结论："尽管他［霍布斯］具有唯名论倾向，运用自然科学方法并将个人化

---

[1] 一位研究奥克肖特的学者在谈到奥克肖特和施特劳斯的时候说，奥克肖特几乎不可能接受施特劳斯关于隐晦论和显白论的说法，他似乎没有太在意奥克肖特这篇文章中的说法。（参 Robert Grant, *Oakeshott*, London: The Claridge Press, 1990, p. 115.）最近，虽然没有明确奥克肖特的这个解释就是从施特劳斯那里得来的，有学者还是指出了，这个解释肖似施特劳斯《压迫和写作的艺术》中提出的观点，并同时引《什么是政治哲学？》中的文字为证。（参 Luke O'Sullivan, *Oakeshott on History*, Exeter & Charlottesville: Imprint Academic, 2003, 226 – 27.）

约成原子,但是这一切都没有妨碍他的政治观。"① 这也就说明了他为什么可以忽略《霍布斯的政治哲学》一书的"特定目的",因为这个特定目的就其本身来看,不过是对施米特本人20年代观点的一个具体论证而已。所谓"施特劳斯命题",就其本身而言,不过施米特命题的具体论证形式。自然,这个没有变更的政治观本身及其基础是什么,施特劳斯和施米特的看法大不相同。但是,施米特已经针对施特劳斯自己的立场表示了不同看法。这个不同也正是迈尔近年来不断论证和强调的核心主张。他认为,这是理解施特劳斯和施米特各自思想立足点的关键:政治神学和政治哲学的对峙。②

---

① 施米特,前引书,页39。
② 迈尔,前引书。关于霍布斯,尤其参考其中《施特劳斯的霍布斯批判》(第150—174页)。

《隐匿的对话》札记[*]

一 背景

这是一本关于施米特和施特劳斯的书。

在美国自由派学者的笔下，施米特和施特劳斯通常同时被定位作"反自由主义者"。反自由主义可以有很多反法，保守主义、马克思主义、无政府主义、民粹主义。甚至也可以包括近几十年来英美学界对自由主义最明显也是最受欢迎的两种批评：社群主义和剑桥学派大力提倡的共和主义。这种定位方法的核心在于自由主义的中心地位。不管这些思想路线本身各自多么不同，这些不同只不过是对自由主义的不同反法。所以，专门研究施特劳斯的自由派学者得出结论说，施特劳斯反对自由主义的立场是"新保守主义"，他是"新保守主义"的理论奠基人。新保守主义的得力干将基本上属于共和党阵营，若干关键人物曾是施特劳斯的学生的学生。这样，施特劳斯和美国的党派

---

[*] 迈尔（Heinrich Meier）：《隐匿的对话——施米特和施特劳斯》，朱雁冰、汪庆华等译，华夏出版社 2002 年版，第 215 页。

政治和政策也就有了关系。施特劳斯的名字和头像也经常因此在各大报刊的分析文章中亮相。从美国的电台到法国的《世界报》，都可以捕捉到施特劳斯的踪影。施特劳斯和美国党派政治的亲密关系，似乎也已经开始在中国学者中间有了共鸣。

迈尔的这本书则和这种流行看法全不相干。显然，迈尔并没有否认施米特和施特劳斯对自由主义的强烈批评。但是，是否因此就可以轻而易举地把施米特和施特劳斯归为"反自由主义"的阵营？这种划分是否模糊了他们之间思想立场上的根本对立？迈尔并不是不清楚英语学界对施米特和施特劳斯的流行看法，而是要"撇开英语国家的偏狭论述"（页72），首先去弄明白施米特和施特劳斯怎么样理解他们自己的立场，以及他们如何理解对方的立场。

自由派的施特劳斯学者明确指出，施特劳斯这个"新保守主义"的理论奠基人与德国的两个政治反动人物在思想渊源上瓜葛甚深：施米特和海德格尔。这个观察十分准确，施特劳斯在其自传性导言中说，他为施米特《政治的概念》所写的评注标志着他自身思想的一个转向，他还在论存在主义的讲稿中把施米特笔下的那个"姓海德格尔的马丁"视为其时"唯一的哲学家"。自由主义自以为和马克思主义势不两立，但在施米特看来，它们实际上是一致的。具体地说，它们背后的形而上学根基是一样的。无独有偶，海德格尔在1935年的讲稿中也明确指出，美国和俄罗斯［苏联］从形而上学角度来看是一致的，这个讲稿于1953年出版。在这一点上，施特劳斯看来接受了这两个思想家的看法。这种看法关注自由主义的理论根据，首先便要求摆脱自由主义者以自由主义为核心的自由主义/反自由主义的划分标准。但是，既然马克思主义在他们看来是现代自由主义的一个转化或者发展，他们仍然还是可以被划入"反自由主义"阵营。关键问题是，反自由主义在他们各自的思想中是否占有中心位置？且不说，施特劳斯与施米特、海德格尔在这个具体看法上的一致并不能说明他的思想核心也和他们一致。迈尔在这个问题上的观点十分清楚：只要仅仅把施米特看作是"反自由主义的代言人"，他的思想就还没有受到公正对待（页79）。毫无疑问，在迈尔看来，这同样适用于施特劳斯（页165）。

如果施米特和施特劳斯思想的核心不在于对自由主义的批判，那么在于什么？这是迈尔这本书所要论证的问题。全书由八篇文章组成，这些文章提供了作者十几年来精心研究施米特和施特劳斯的根本线索。可以说，除《施米特的学说》（1994）之外，这个集子几乎囊括了作者于1997年至2001年间所发表关于施米特和施特劳斯论题的所有重要篇章。如编者所言，集中若干文章尚无英译文。而把这八篇文章放在一起作为一个集子出版，更是中文本的创举。施米特和施特劳斯引起中国学子的重视，很大程度上归功于刘小枫教授。中国学界对这两个思想家的接受没有落入英语学界"自由主义/反自由主义"论调的俗套，也在很大程度上归功于刘小枫教授的慧眼独具，特别突出了迈尔的论述。从编排上看，此书前四篇和后四篇侧重点有所不同，前者偏重施米特，后者着眼施特劳斯。但是，也不能简单把它们分别归为关于施米特和施特劳斯的这两组文章。在前一组文章中，施特劳斯的思想立场就一直在场；而在后一组文章中，施米特的思想立场也一直在场。作者不是要对这两种立场做一般的"比较研究"，而是要揭示这两种思想立场如何理解它们自己、如何理解对方以及如何理解自己在对方眼中的形象。前一组的末篇文章和后一组的首篇文章从标题上显示了这两种思想立场：政治神学与政治哲学。这个文集的副标题"施米特和施特劳斯"与此相对应。这就清楚地表明了迈尔所要论证的观点：无论对施米特还是对施特劳斯来说，自由主义批判并不是核心问题，政治神学与政治哲学的对立才是。要小心副标题中的那个"与"字，这个"与"字不仅把它两边的思想立场连接在一起，而且也把它们分隔开来。

施米特与施特劳斯＝政治神学与政治哲学，如今也差不多是中国学子已经接受的一个论点。不过，尖锐的论点只要成了常识，它的尖锐性也就逐渐失去了锋芒。这个论点的首次提出，见于这本书的第二篇专论：《施米特、施特劳斯与〈政治的概念〉》。这个专论的副标题为"论一场不在场的对话"。这场隐匿对话的中心话题是施米特的《政治的概念》，牵涉到的主要文本是该书的三个版本（1927版、1932版和1933版）尤其是后两个版本，以及施特劳斯针对此书1932版所写的评注。全书的线索是仔细比较施米特在《概念》1933版中对1932版作了哪些增删修改（偶涉1927版）。乍看之下，这只是一种版本考订的老实工夫。迈尔的厉害之处在于，他从版本的增删修改中读出了一场思想对话。而且，这些增删修改所体现的思想对话，不只涉及思想小节，而是涉及两位政治思想家的根本立场。短短几十页的文章，不仅把关于施米特的争论导向了"一个新方向"（页71），同样也给施特劳斯的读者带来意外。这篇文章也要求施特劳斯的读者，要想理解施特劳斯，便需要把目光集中在施特劳斯如何对待"神学—政治问题"。施特劳斯不止一次地指出，这个问题是他所研究的"主题"，也即，不是主题之一，而是一以贯之的或者说唯一的主题（the theme）。迈尔说，施特劳斯自己的说法肯定令施特劳斯的美国读者"大感意外"（页163—164）；从这个角度来看，迈尔的这篇专论可能也令人颇感"意外"。这篇专论所提出的论点在一定程度上也把对施特劳斯的争论引向了一个新方向。可以说，这篇文章是一个关键，其他文章多多少少都可以被看作是这篇文章的发挥、解释和澄清。所以，为了理解迈尔的思路，在参考其他诸篇文章的同时，不妨把注意力主要集中在这篇文章上，看迈尔如何从版本变化中读出一场思想交锋。迈尔许多令人叫绝的解读并不是光读施米特的文本能够读出来的，就是迈尔的文章本身，许多地方若不仔细琢磨，其精彩之处也可能会匆匆错过。施米特和施特劳斯的对话是一场政治神学和政治哲学的角力，光抓到这个结论只不过抓到一个空壳，关键在于领略其独到的版本分析和思想论证。

二　政治的概念

除引言外，《隐匿的对话》凡七章（节）。虽然作者只以数字标明章节之分，没有从标题上直接亮出章节主题，但每一章节的主题都显然可见。第一章从总体上描述了对话的起点。对自由主义的批判并不是施米特和施特劳斯的根本关切点。但是，这是两个人思想对话的起点。作者指出，施特劳斯对《政治的概念》感兴趣的首要原因在于"彻底批判自由主义"。施米特对自由主义的批判还不够彻底，还受到"自由主义思想体系"的束缚，施特劳斯的评注目的在于推进施米特的批判，从而"完成对自由主义的批判"。施米特对自由主义的批判，主要从批判自由主义的文化哲学着手。这种文化哲学把人类思想和活动分割成若干"自主领域"：审美、道德、经济、政治等等。如此,"政治"不过文化诸领域中的一个自主领域。施米特批判这种文化概念的第一步,是反对这种文化领域概念,反对把政治与其他领域相提并论。他提出政治的标准乃是"区分敌友",不可把这个标准与道德领域的善恶区分、审美领域的美丑区分、经济领域的利害区分相类比。但是,施米特的这种表述还是给人这样一种印象:似乎政治区分标准跟其他"领域"一样,是一个自主的"领域"。施特劳斯的评注指出了,施米特在表述上未能将自己的立场确切地表达出来。在施特劳斯笔下,施米特的意思是要突出,政治是根本的、至高无上的,是命运,而不是与其他所谓文化领域并列的一个"自主领域"。因对施特劳斯的评注,施米特在《概念》第三版就这些表述方面作了相应的修改,去除了容易导致混淆的表述,从而更清楚地表明了自己的批判立场。

既然"政治"的标准乃是"区分敌友","政治"和"敌人"这两个概念在整个探究过程中自然扮演着举足轻重的地位。具体的版本比较始于第二章,重点在于"政治"和"敌人"这两个概念如何在不同版本中起变化。这一章主要探讨《概念》1927版和1932版的改动。这一改动在施特劳斯的评注之前,是施米特的自我修正。施特劳斯注意到了这一修正,但没有过多纠缠,因为文本已经说明自身。在这一章中,迈尔主要探讨,"政治"和"敌人"如何从初版的防御性概念转变成为第二版的进攻性概念。

在初版中,施米特防御性地定义了"政治"的概念,也即,把政治定义成一个"纯粹政治"的领域。因此,"政治"与道德、审美、经济等领域一样,是文化诸领域中的一个自主领域。与此相应,"敌人"被定义为"别国人"和"外邦人"①。迈尔分析，施米特如此定义"政治"和"敌人"，是出于修辞方面的考虑。也就是说，在自由主义世界中批判自由主义的政治概念，施米特有意识地减弱其批判的激烈程度。并且，有意给人留下这样一个印象，似乎他对自由主义的批判仍然在延续自由主义对"自主"的追求。迈尔还分析了"纯粹政治"修辞的优缺点。其优点在于，既能利用文化"领域"的概念为"纯粹政治"辩护，从而首先为"政治"赢得自己的地盘，又能以此攻击任何对这个"纯粹政治"领域的"入侵和蚕食"。其缺点是，政治被简化为"外部政策"，忽略了国家内部的冲突。五年后，施米特在第二版中修正了纯粹政治的修辞。此时，政治不再是要争取自己的领域，而是要在总体上取得高于一切的地位。政治"从每一个领域涌现"，是"一种最紧密的联合或分离、结合或分化"。于是，政治紧密度这个进攻性概念把内战和革命也纳入其定义。相应地，"敌人"也不再局限于"外邦人"，而被定义作潜在威胁自己生存的政治敌人，"内部敌人"也属敌人。战争也不再只是国家之间的战争，内战也被纳入战争的定义。

　　这一章，迈尔特别指出了1932版的一个重大增补，这一增补涉及施米特思想的根本。《概念》第七章临近末尾的地方，施米特在第二版增加了关于"大政治的顶点"的说明。所谓大政治的顶点也就是这样一些时刻，在其中敌人被具体明晰地确认为敌人。迈尔还特别强调了施米特用以说明"大政治的顶点"的一个例子：克伦威尔把

---

① 中译文作"他者"和"外人"，鉴于这两个译名未能很好地表达敌人是外邦人这个防御性敌人概念的意思，所以对译文略作改动。同样地，后文在需要的地方在译文上会作一些改动和调整，不再一一标明。

西班牙人认作英国人"天生的敌人"、"神定的敌人"。为说明这种神定的必然敌意，施米特引用了上帝对蛇所说的话："我要让你的后裔和女人的后裔彼此为敌。"关于"大政治的顶点"的这段增补，迈尔连续使用了两个最高级形式：《概念》一书"最深刻的意图"得到了"最醒目"的表达。什么是《概念》"最深刻的意图"？迈尔惜墨如金，没有仔细展开。不过，从迈尔的整体论述不难看出，这个"最深刻的意图"乃是和政治哲学为敌；对施米特这个政治神学家来说，大政治的顶点就是政治哲学家被具体明晰地确认为敌人的时刻。可以说，这是《隐匿的对话》的唯一主题和公开秘密。需要特别注意的是，迈尔一方面不断简明扼要地强调这个主题，另一方面显然又刻意地保持了点到为止的审慎。

第三章的主题是关于施米特的政治概念和霍布斯的自然状态概念两者之间的关系。首先，两者的相同之处。在霍布斯那里，自然状态是战争状态，施米特所谓的"政治状态"同样也是战争状态。无论对霍布斯还是施米特来讲，战争的根本不在于战争的事实发生，而在于战争的"意向"，或者说发生战争的实际可能性。所以，在施特劳斯看来，施米特的政治概念，也就是被文化哲学抹去的"自然状态"。施米特的政治概念是对霍布斯自然状态概念的再辩护，因为政治是人之"自然的、根本的和极端的状态"。其次，施米特政治概念和霍布斯自然状态概念的不同之处。对霍布斯来说，自然状态是个人和个人之间的战争状态；在施米特那里，政治状态是群体和群体之间的战争状态。对施米特来说，在危急状态，主权者可要求其臣民无条件地随时舍身赴死；对霍布斯而言，公民的服从是有条件的，这种服从不能与个人生命的保全互相矛盾，因为建立国家的目的和基础就在于保护个人生命的安全。对霍布斯来说，自然状态是需要克服的状态，是未开化状态，和平相处的"文明状态"才是人类生活要追求的目标；施米特则否认战争状态可以克服，因为政治状态乃是人类的生存状态。在这个意义上，施米特从根本上肯定政治状态，霍布斯的国家理论在根本上却是要否定政治状态，追求一个中立化和非政治化的世界。

施特劳斯指出，施米特的政治概念赋予了霍布斯自然状态概念以新的荣耀。因此，要完成施米特对自由主义的批判，必须追溯到自由主义的奠基人霍布斯。而施米特的批判尚未深入到这一步，施特劳斯指出，施米特把霍布斯描述为伟大的"政治思想家"，但是事实上，霍布斯却是反政治（施米特意义上的政治）的思想家。回应施特劳斯的批评，施米特在第三版中修改了关于霍布斯的说法。霍布斯变成了"思想家"而不再是"政治思想家"，其思想体系也不再是第二版中的"纯属政治的思想体系"。迈尔指出，施米特的修改实际上遵循了施特劳斯的批评。

第四章为全文居中章节，着眼施特劳斯和施米特思想的异同，与全文主题相对应。首先，施特劳斯和施米特一样，反对"普世大同"（Weltstaat），拒绝以舒适安逸的安全感模糊政治的现实性，反对以娱乐享受掩盖政治严峻性。其次，施特劳斯和施米特一样批判自由主义的"中立化和去政治化"倾向，并视此为一项任务。欧洲为避免"何为正确信仰"的纷争，从而寻求一种绝对的中立立场，这一中立立场已经发展为技术信仰。一个绝对中立的立场，不再严肃地把"何为正确"作为一个问题提出来，或者"中立地"假设，这个问题已经被一劳永逸地解答了。其次，施特劳斯虽然和施米特一样反对中立化和去政治化的"普世大同",但两人的根据完全不同。

在这中心章节里,迈尔首次明确了,施特劳斯的根据在于政治哲学,不同于施米特的政治神学立场。施特劳斯把"何为正确?"这个问题的严肃性作为政治的正当根据,这就意味着,必须提出"何为正确?"的问题,也就意味着人可以提出并且可以依据人的理性回答这个问题。而对施米特来讲,政治的根本问题并不是由人提出的,而是向人提出的,而且这个问题无法依据人的理性得到根本的回答。政治是人的命运,人只能听从并应答命运的安排,作出自己的抉择,要么选择上帝要么选择魔鬼。这是施特劳斯和施米特之间的根本分歧。

回应施特劳斯关于政治严峻性的评论,施米特在第三版增加了一段文字,援引奥古斯丁的至理名言以强调政治无可逃避。这段文字指出,如果区分敌友(也就是政治)消失了,那么人们便可以完全获得了尘世生活的愉悦。若果如此,那么人无法在今生获得完全愉悦的古老教诲也就过时了。也就是说,只要人还相信奥古斯丁,只要基督徒还坚持奥古斯丁的信仰,建立"普世大同"就是修筑巴别塔,就是在尘世建立天堂,也就是建立敌基督的王国。可以说,通过引述施米特对关键句子的改动,迈尔明确了施米特批判自由主义的根据在于信仰,并以此揭示施米特与施特劳斯之间的根本分歧:施米特的根据在于上帝信仰,施特劳斯的根据在于自然理性。由于这篇文章专论《概念》版本变化以及施特劳斯的评注之间所透露出来的思想对话,因而未能详细展开这两种立场的根本紧张。熟悉施特劳斯的读者都知道,这种根本分别对于施特劳斯来说有多么重要。书中后四篇文章多少也弥补了本篇专论未能展开论述的缺憾。

三 政治的神学

迈尔一书的第四章已经明确了，施米特的根本思想立场是政治神学。第五章则进一步阐述这一立场，探究什么东西构成了政治和神学的一致性。不妨先简单回顾前面的一些关键论述。首先，政治的标准是划分敌友。其次，政治高于一切，是至高无上的。再次，只要还有人在这个世界上生活，政治就不会消失。政治状态是人的生存状态。最后，政治的不可逃避在施米特那里，其根据在于上帝信仰。蛇的后裔和女人的后裔乃是天敌，这种敌意乃是上帝为这个世界定下的敌意。政治的根据在于对古老圣经教诲的确信不移。在这一根据问题上，施特劳斯和施米特彻底分道扬镳。那么，哪一个观念构成了政治和神学的一致性？或者说，在哪一个关键概念上，政治可以扎根于神学。这是第五章的主导问题。

关键在于"人性恶"的信念。但是"人性恶"可作不同的理解，可以理解为是"无辜"之恶，也可理解作根源于原罪之恶。施特劳斯在这一点的评注澄清，施米特在表达上似乎还为前一种理解留有空间，实质上则持后一种理解。相应地，施米特在第三版消除了任何表达的含混。在《概念》第二版，施米特明确地说，所有"真正的政治理论"都假定"人性恶"，假定人是"危险的"。但在施特劳斯看来，更根本的问题在于，人的危险性是否纯粹动物性的危险性，如霍布斯笔下的自然人。哲学家霍布斯正因为认为人性恶乃是无辜之恶，所以根本上否认原罪，追求以文明状态摆脱自然状态。也就是说，如果人性恶乃是无辜之恶，那么原罪教义便是可否认的，那么人类依靠自身的理性教化能力便可以克服人性的无辜之恶。在第三版中，施米特删除了一系列含混的说法，从根本上明确了"政治最深刻的根源在于原罪"。只要知道尘世生活无法获得完全幸福，只要知道上帝为这个世界所设定的敌意，只要知道人性恶之根源在于原罪，那么政治就不会消失并且无可逃避。迈尔还把施米特的这个根本立场推到了1922年的《政治的神学》，那里施米特已经明确，没有神学就没有道德，没有道德就没有政治。因此，在施米特那里，信仰乃是政治的"堡垒"，是政治必然性的根据。

通过解释什么是政治神学，迈尔还反驳了关于施米特"政治神学"的一种解读。这种解读认为，政治的敌友区分和神学的神魔区分是一种平行关系、类比关系，施米特的政治神学旨在分析政治和神学之间的根本对应关系。这种解读并非空穴来风，其实出自施米特自己的说法，施米特在《政治的神学》第三章详细阐述了他的"概念社会学"。这种概念社会学与两种思想史分析划清界限，一种分析把人类精神归结为经济关系的"反映"，也就说经济基础决定了上层建筑；另一种分析则反过来，强调人类生活的变迁取决于思想观念的变化，比如从卢梭的哲学中推导法国大革命的思想必然性。施米特的"概念社会学"则强调"神学与法理学的并行"，强调形而上学（和神学）和政治生活的并行。这种"概念社会学"认为，"某一特定时期所造就的世界的形而上学形象与世界所直接理解的政治组织的适当形式具有相同的结构"[①]。在1970年的《政治的神学续篇》中，施米

---

① 施米特：《政治的概念》，《施米特文集》第一卷，刘宗坤等译，上海人民出版社2003年版，第38页。

特重申了《政治的神学》无涉"神学教义",只关心"概念史"分析,也就是说关心"神学与法学论证及其认识概念的结构同一性。"[①]如果因此轻易指责迈尔忽略或者歪曲了施米特自己的说法,便还属于肤浅的自我陶醉。迈尔的革命性解读在于指出,施米特的这些直白表述乃是"策略性的",真正的根据则在于其信仰的根据。这种解读是一般的阅读根本读不出来的东西。迈尔的细致研究也令人叹服地表明了,施米特政治概念确实扎根于上帝信仰。但是,为什么施米特要采用"策略性的"修辞?这是迈尔在第六章提出的一个问题。

第五章论证了政治扎根于神学,第六章则进一步探讨政治的形而上学性和政治的命运性。但是,政治的神学和政治的形而上学有什么关系?如此,便首先需要说明形而上学在施米特那里的用法。通常来说,形而上学是哲学的事情,虽然也可以与神学教义扯上关系,但是与具体的上帝信仰似乎不那么相干。而在施米特那里,形而上学却几乎等于神学的一个同义词。说施米特不懂神学,显然是自欺欺人。迈尔直接沿用施米特的用法,也没有解释为什么施米特把形而上学和神学两个词互换使用。这里不能也无力纠缠于什么是形而上学这个大问题,不过可以依据迈尔对勘施米特和施特劳斯的读法作一简单猜想。迈尔前面已经指出,在批判自由主义的问题上,施米特和施特劳斯的根据完全不同。施米特的根据在政治神学,施特劳斯的根据则在政治哲学。政治的神学把上帝和启示信仰作为理解政治的基础,政治哲学则把人类理性作为理解政治的基础。换句话说,政治哲学从"自然"

[①] 施米特:《政治的概念》,《施米特文集》第一卷,刘宗坤等译,上海人民出版社2003年版,第454页。

的角度来理解政治,从人类理性(自然)探究政治的"自然"。前面提到,哲学家霍布斯把自然状态的恶看作是无辜之恶,因为在他看来,人类可以依靠自身的理性能力克服无辜之恶。迈尔也提到,施特劳斯角度是"自然"的角度。哲学的根本在于追问"什么是……?",也就是彻底探究事物的"自然"。所谓物理学,也就是探究事物自然之理。众所周知,"形而上学"出自亚里士多德,现代学者破除了基督教世界的传统解释,把形而上学("超自然"之学)解读为形而上学之后(诸篇),也就是说,《形而上学》不过《物理学》("自然"之学)的后续篇章而已。哲学家海德格尔虽然赞同《形而上学》和《物理学》之间的连续性,虽然对中世纪哲学和现代哲学中的基督教成分耿耿于怀,但还是在一定程度上坚持了形而上学的超"自然"的含义。他把形而上学解为对"存在"的追问,"存在"不是自然事物,搜遍世界的所有角落,我们也找不出"存在"在哪里。而物理学,也就是自然之学,则是对在者的探究。这个"存在"在中世纪基督教思想中也被等同于上帝,但是海德格尔不满足于此。海德格尔的形而上学追问,其根本仍然在自然而非启示信仰,仍然是在问"什么是存在?",也就是在追问什么是存在之自然。[①] 即使基督教神学家把这个无处可寻的存在等同于上帝,海德格尔的问题还是一样:"什么是上帝?"最终,还是要探究上帝的自然,这个哲学问题在根本上和启示信仰相抵触。亚里士多德的《形而上学》里边有神学,不过这种神学是自然神学,因为这个神根本不同于希腊城邦所敬拜的奥林波斯诸神。这个自然神后来被虔诚基督徒拒斥为"哲学家的上帝",

---

① 参海德格尔《形而上学导论》,熊伟、王庆节译,商务印书馆1996年版,第18—19页。

与亚伯拉罕、雅各的上帝全不相干。究其原因，前者乃是"自然"的上帝，是人类理性探究出来的世界之根据，后者则是"超自然"的上帝，完全超出了人类理性的限度。哲学要探究上帝的自然，对启示信仰来说，探究上帝的自然如果不是慢神之举，也是可笑的而且最终是徒劳的。施米特所说的形而上学可能可以在这个思想背景中加以理解。政治神学所理解的政治，其形而上学根据在于信仰；政治哲学所理解的政治，其形而上学根据在于"自然"。因而，政治神学和政治哲学的紧张，其根本在于两种形而上学的紧张、两种神学的紧张。

只有从形而上学角度着眼，才能理解施米特关于政治态度和好斗态度的区分。施特劳斯在评注中强调了政治和好斗的区分。纯粹为战斗而战斗的人可以同样的态度看对敌友阵营的人，尊重好斗的双方。如果对政治的肯定不过是对斗争本身的肯定，便不过是颠倒过来的自由主义。为战斗而战斗本身并没有什么目的，政治战斗总是为了什么而战斗。政治的根本还在于其道德、在于其神学。应对施特劳斯的评注，施米特于第三版明确区分了敌人和仇人，区分了政治的敌对和非政治的好斗。指出政治敌对的形而上学性之后，那个关于施米特的问题仍然有待回答：为什么施米特故意不暴露自身政治概念的形而上学呢？迈尔分别分析了施特劳斯的理由和施米特自己的理由。在施特劳斯看来，施米特的含混其词，是因为在他看来任何对政治的评价都是个人的自由决断，但政治却超出了个体的私人判断，具有超个人的道德义务。由于政治的超个人性，其作为研究主题也使得施米特无法完全坚持个人对政治的判断，因此他隐藏了自己的判断。迈尔指出，施特劳斯的解释其实是对施米特的双重攻击，目的是要迫使施米特亮出自己的神学前提。私人和公共领域的分治是自由主义的一个重要基石，把施米特放在自由主义的这个框架里边，便是批评施米特在关键的地方仍然延续自由主义。施米特要是否认，便需要公开自己的神学前提。施米特自己的理由是什么呢？迈尔提供了两点解释。其一，施米特认为政治神学的敌人要把形而上学消解为"商谈"，于是他攻击自由主义的形而上学，攻击这种"对商谈的信仰"。迈尔以为，施米特攻击对商谈的信仰，从而避免把自己的政治形而上学也变成"商谈"的对象。其二，施米特把自己的思想核心置于黑暗之中，因为其信仰的核心乃是信仰，信仰道成肉身的上帝。启示信仰不是讨论的对象，对这个问题的辩论没有任何意义。

这两点解释最终说明了，对施米特来说，政治始终是命运，人的理性不能去决定。唯一的拯救之途是依靠上帝那至高无上的力量。政治的不可避免迫使人进入"精神与精神搏斗"的历史洪流。决定性的问题是找到政治不可避免的根本因素，找到其天敌的具体形象。由于这个敌人永远只是体现神意的工具，从这个敌人身上能够识别出神意，因此敌人也是生活严肃性的保障。施特劳斯则另有想法。

最后一章由四个段落组成，前三个段落主要关于施米特，最后一段简明扼要地解释施特劳斯的根本立场，全文也因此以施特劳斯作结。这一章进一步阐述全文中心章节第四章已经明确提出的观点：施米特的根本立场在于政治神学，施特劳斯的根本立场在于政治哲学。前一章结尾处关于神意敌人的问题也在此视野中得到更深入的具体分析。首先，还是施特劳斯的评注和施米特的版本改动。施特劳斯在评注中说，施米特的自由主义批判是一种"伴生性或者准备性的活动"，其根本目的是要为死敌之间的战斗准备好战场。施米特在第三版相应地加强了自由主义作为政治之敌人的分量，也就是说从其形而上学去理解反政治的自由主义。他把自由主义描述为"一种新的信仰"。这里，迈尔没有特意指出，所谓死敌要从《创世记》第三章所描述的那种敌意去理解。然而，就算从这个角度去理解死敌之间的战斗，仍然有个难点。如果施米特的政治神学对自由主义的批判只是准备性的，如果其眼中的根本敌人是政治哲学，如果第三版中从形而上学层面批判自由主义乃是着眼于这个根本敌人，那么可以推论说，施米特看到了这个根本敌人和自由主义在形而上学层面是一致的。迈尔没有明说这一点，但是可以推论出来。熟悉施特劳斯的读者可以马上举出很多反对意见，说明施特劳斯所推崇的古典政治哲学多么不同于现代政治哲学、古典自由主义多么不同于现代自由主义。但是，不管它们多么不同，它们在根本上都否认启示，都把政治的基础落到人类理性上面。从这一点来看，现代政治哲学仍然是古典政治哲学的后裔。因此，施米特在第三版中把自由主义提升到信仰层面来攻击，其目标已经对准了古今自由主义的根本。也正是从信仰层面着眼，施米特把马克思主义看作是自由主义思想的一次具体应用。接下来的第二段着眼于启示与无神论之间的对立来论述政治神学的战斗立场，也证明了上面的推论并非虚妄。

战场已经准备好了，也就是说，政治神学要在信仰层面和敌人展开战斗。在迈尔的分析中，政治神学不仅是施米特自身立场的恰当描述，也是施米特对付敌人的有效武器。运用这个武器，施米特从那些拒绝神学、否认政治的立场中找出他们的"神学踪迹"。只要他们持反—神学、反—政治的立场，他们的立场就仍然是根据反对神学和政治而得以确定，因而也就不是非神学、非政治的中立立场。尽管他们可以用"中立"来打扮自立的立场，实际上他们要么是从神学"转化"而来，要么就是神学的"改头换面"。政治神学着眼于敌人的神学，迫使敌人在正统和异端之间作出决断，并因此为政治神学作出见证。

接下的问题是，谁是政治神学的根本敌人？如果大政治的顶点是敌人被具体明晰确认为敌人的那些时刻，这个敌人在哪里？又如何认出这个敌人？这是迈尔在本章第三个段落（也是全文关于施米特的最后一个段落）中提出的问题。迈尔提出了这些问题，但没有直接也没有详细回答这些问题。不过，仔细的读者应该从他的几个问句中找到了答案的线索。从全文的主题来看，显然政治哲学乃是政治神学的死敌。这一场对话是一个拥护纳粹的法学教授和一个年轻的"犹太学人"之间的思想交锋。这两个人的身份只是碰巧吗？施米特没有明说，迈尔也没有明确地给出答案，读者可以根据迈尔给出的线索作出自己的判断。迈尔只是再度强调了，政治神学的根本在于信仰顺从。政治神学最迫切的任务是作出信仰的历史决断，并且因此为这个决断立场作出理论的辩护。政治神学家肩负实践和理论的重担，而更沉重的重担是政治神学所给予的释然，这种释然因为确信：命运的过程总是已然就序，拯救则是整个世界历史的意义。

全文最后结束于对施特劳斯思想立场的简短描述。迈尔成功地论述了，施米特批判自由主义的根本在政治神学，因而超出了自由主义的视界。施特劳斯在其评注说，只有获得一种超出自由主义的视界之后，施米特的自由主义批判才得以完成。迈尔指出了，根本不同于施米特的信仰视界，施特劳斯所要探求的视界在于回到自由主义的现代奠基人和古代奠基人，考察他们如何针对或者化解来自"神学—政治"立场咄咄逼人的进攻姿态。这一回溯确认了政治哲学的理性基础。这一段论述限于篇幅，过于简短了一些，不过此书后四篇文章，尤其是《为什么是政治哲学？》和《施特劳斯的思想运动》两文，为此做出了弥补，更详细地阐明了对话另一方的思想立场。

四　真正的敌人

迈尔全文旨在分析两种思想立场的对话，但主要揭示其中一种立场在对话中的明晰化。这场对话的后半部分，也就是《概念》第三版因应施特劳斯的评注所作的文本修改，只是静悄悄的回答，其对话的另一方并不在场。这种不在场，不仅仅是说对话另一方不知道这个回答，更是因为回答者隐藏了对话另一方在其回答中的分量。回答者在回答中猛烈地攻击了已经在政治上被认出来的天意敌人。这种猛烈攻击不仅仅是出于政治机缘的考虑而迎合政治潮流，而是出于对政治命运的服从。

不过，《施米特、施特劳斯与〈政治的概念〉》的谈论重心显然在于施米特，在于确立施米特思想的根本落脚点。根据迈尔的分析，施米特有意把落脚点保持在重重黑暗中，但是仍然没能逃脱其劲敌的眼光。迈尔的分析给人留下这样一个印象：正是因为施特劳斯的准确理解和到位批评，施米特的政治神学立场才变得明显起来。这种印象可以作两种理解。一种理解为，施米特在1932版《概念》之前还没有具体认识到政治神学之敌人的分量，施特劳斯的评注使得施米特更清楚地看到敌人的力量。但是，迈尔的论述又明确地表示了，施米特的政治神学立场在1922年的《政治的神学》中已经十分明显。所以，应该对前面的印象作后一种理解。也就是说，施米特有意模糊了自己的政治神学立场，而这种模糊在施特劳斯评注的追问之下不得不清晰起来。但是仍然可以说，正是施特劳斯的评注使得施米特"具体明晰"地看到了政治神学之敌人的理论形象，正是施特劳斯提醒施米特注意死敌之间的真正战斗。迈尔在文章结尾提到，敌人概念对施米特思想来说是中心概念，对施特劳斯来说则不是。但是，施特劳斯和施米特一样从来没有相信过，《创世记》第三章所提到的那种敌意会从这个世界中消失。正是施特劳斯明确地强调哲学生活和神学生活的紧张和无可妥协。没有施特劳斯，从施米特的文本中很难直接读出这种紧张。这也是为什么直至迈尔的这篇专论之前，几乎没人读出施米特的政治神学乃是基于信仰。迈尔后来发现，洛维特是个例外，他注意到了上帝信仰可能比政治机缘论更能说明施米特思想的核心（参页15注1，页73注1）。

七个章节有自己的主题，但这七个主题并非各自独立。显然，迈尔的意图并不在于通过版本分析摆出七个不同主题，以此说明政治神学与政治哲学之间的对立。迈尔提到的和没提到的各处修订，它们自身之间并没有一个发展或者上升的过程。但是，迈尔的论述过程却显然有一个发展或上升的过程。从批判自由主义开始，到确定政治的神学根基，再到政治神学与政治哲学的对立，前后有明显的发展脉络。从迈尔的论述来看，与这个发展脉络相应，施米特的自由主义批判有一个重心转向，从集中批判自由主义的反政治倾向，转向了明确批判自由主义"非政治"和"中立"伪装背后的形而上学。为免误解，需要说明一点，迈尔并不认为施米特的立场本身有一个根本转向。谨慎地说，这个批判的"转向"只是表明了，施米特更为明确地表达了自身的政治神学立场。这里的问题是，如果政治神学的真正敌人根

131

本就不是自由主义本身，那么这个转向又意味着什么？这个转向与政治神学的真正敌人有什么关系？迈尔简单地暗示了他的回答，但是这回答并不十分清楚。

这个转向和"谁是神意的敌人？"这个问题直接相关。如果这个转向把目光瞄向了真正的敌人，到底谁是真正的敌人？如果政治神学家既要在政治生活中作出实际的决断，又要在理论上为政治神学作出辩护，那么在其实际决断和理论辩护中，到底谁被具体明晰地确认为敌人？从这个角度来看，施米特自由主义批判的转向至少有两层意思。一个是实践层面的，一个是理论层面的。理论层面的敌人比较明显可见，也就是迈尔全文的着眼点：政治哲学被政治神学具体明晰的确认为理论敌人。所谓理论层面，不是纯粹理论方面的知识游戏而已，而是指对一种生活方式的辩护。如果《概念》版本方面的变化标志着施米特政治神学立场的明朗化，那么（政治）哲学作为敌人的形象在第三版中也比前两版更为明确。只有当敌人被明确认出的时候，政治神学也更明晰地确定了自己的立场。

那么，在实际层面，谁又在《概念》尤其第三版中被具体明晰确认为敌人？迈尔指出了，《概念》不只是一种理论而已，也是政治神学家施米特的一个历史行动，是对一个戒命的顺从（页67）。如何理解这个历史行动？在这个行动中，谁被具体明晰地确认为敌人？迈尔指出施米特对敌人的"侦察报告"并不明朗，迈尔的报告也不明朗，但意向上十分明确。迈尔通过反问的方式提出了他的侦察报告。讨论到底谁是真正的敌人这个问题的时候，迈尔连续用了六个问句！头三个问题透露或者说确认了谁是真正的敌人。第一个问题关于反宗教的"新信仰"，这个新信仰有两个形象，自由主义和布尔什维主义。如果这种新信仰是死敌，那么针对政治神学要与哪一个形象展开战斗？这个问题其实是铺垫性的。接下来的第二个问题问死敌到底是"新信仰"，还是与犹太教的"世俗纷争"。第二个问题其实以问句的方式否定了第一个问题，也就是说否认了新信仰是死敌。迈尔在这个问题中还以似乎不经意地方式点出，犹太教从一开始就否认"耶稣是基督"。而施米特政治神学所依赖的根本，首先就在于确信无疑"耶稣是基督"。在施米特看来，霍布斯这个哲学家还有救，因为他诚笃于基督教的这个根本信条。（页7，页39注1）第三个问题委婉地确认了第二问中的后半句意思："有没有可能，随着民族社会主义［的出现］，敌基督已经登台亮相，或者他已经暗中活动很久了？"（参页65）这个问题指出了《概念》的历史背景。民族社会主义在纳粹时期达到其政治顶点。施米特曾在第三帝国占有高位，《概念》第三版增加了许多攻击犹太教的文字。光从这个历史背景来看，谁是真正的敌人已经不难想象，第二个问题其实已经给出了答案。第三个问题可以说明确了《概念》作为历史行动的意思。

也正是因为这个历史背景，使得洛维特在1935年的评论中认为，《概念》的版本变化说明了施米特的"政治机缘论"。"机缘论"这个译法比较文雅，说的通俗易懂一点，洛维特就是在指责，施米特的政治概念和行动其实是政治机会主义。他在指责施米特的政治概念没有固定根基，根本上是机会主义；而基尔克果则不同，他的落脚点在于启示信仰。洛维特还直接指出，施米特的政治理论不仅是"反自由主义的"而且是"反犹主义的"①。迈尔的这篇文章反驳了洛维特，反驳洛维特的这样一个观点：施米特的政治理论和行动根本是"机缘论"或者"机会主义"的代表。迈尔没有反驳洛维特的后一个观点：施米特的政治理论是反自由主义和反犹主义的。但是，迈尔要强调的是，正因为洛维特把施米特的政治理论定位为机会主义，所以他不能真正把握施米特为什么反自由主义和反犹主义，不能理解施米特政治理论的根本。洛维特认为，施米特和基尔克果的落脚点截然不同，迈尔则揭示他们的落脚点其实是一样的。迈尔认为，施米特的反犹主张不能简单的被看作是无根据的"机会主义"，其实跟他的政治神学紧密相关（页14、页15注1、页101注1）。在为这篇专论的英译本所写序言中，迈尔还特别指出了，这个决断不能被简单归为机会主义，这个结论还可以从当时的总体现象得到支持。许多著名的神学家都和施米特作出了同样的政治决断，迈尔提到的这些神学家包括：Emanuel Hirsch、Friedrich Gogarten、Karl Eschweiler、Hans Barion、Paul Althaus、Gerhard Kittel。② 总而言之，《概念》作为政治神学家响应信仰顺从戒命的一个历史行动，犹太人作为族群被具体明晰地

---

① 参洛维特《施米特的政治决断论》，载刘小枫编《施米特与政治法学》，上海三联书店2002年版，第27—76页，参第34—36页以及第55页。
② Heinrich Meier, *Carl Schmitt and Leo Strauss: The Hidden Dialogue*, trans. J. Harvey Lomax, forward by Joseph Cropsey, Chicago & London: The University of Chicago Press, 1995. 关于其中几位神学家的神学思想和政治立场，可参 Robert P. Ericksen, *Theologians under Hitler: Gerhard Kittel, Paul Althaus and Emanuel Hirsch*, New Heaven & London: Yale University Press, 1985. 同参拙评《希特勒旗下神学家和现代危机》，载《思绪现代》，上海三联书店2004年版，第187—196页。

确认为真正的敌人，用一个学者的概括来说，犹太教被认作"敌人的化身"[1]。所谓真正的敌人，也就是神意的敌人。借用施特劳斯的话，施米特的反自由主义不过是为他的反犹主义"扫清道路"。如果这种敌意是永恒的敌意，那么纳粹政权的更迭并不影响施米特的政治观点。事实上也的确如此，战后的施米特并没有放弃政治神学的立场，1970年所作的《政治的神学续篇》仍然在为其政治神学辩护。1963年，施米特重版《概念》采用了1932版而非1933版，其原因也可用迈尔的一句话来说明："政治理论家必须是一个讲政治的理论家。"[2]（页11）

同样地，在这篇专论中，迈尔也只是以反问的方式指出了到底谁是真正的敌人，并没有花更多篇幅渲染这个问题。如果我的观察没错，全文总共提到犹太人或者犹太教的地方寥寥几处而已。正文中仅两处而已，除了上面第二个问题之外，另外一处则不经意地提到了施特劳斯的犹太人身份：这场思想对话的后半部分是一个普鲁士议员对"一位犹太学人"作答（页16）。脚注中则有一处，迈尔明确提到了施米特的"反犹立场"（页14）。在这篇专论中，迈尔对他的结论显得比较谨慎，因为这种解读毕竟还只是解读，直接醒目的证据不是特别多。但是，1991年施米特遗嘱《语汇：1947—1951笔记》的出版，迈尔从中找到了直接的印证。从迈尔为《语汇》所写的评论中，

---

[1] Barbara Nichtweiß：《启示录的宪法学说——从彼特森神学看施米特》，载刘小枫编《施米特与政治法学》，上海三联书店2002年版，第225—263页，引文见第243页。

[2] "政治理论家"（der Theoretiker des Politischen）侧重点在于，理论家所探究的对象为政治事务，"讲政治的理论家"（ein politische Theoretiker）侧重点在于，政治理论家要讲究政治。整句话的意思在于指出，探究政治的理论家要讲究其问题探究的政治性。同样，探究政治的哲学必须是讲究政治的哲学。这也是施特劳斯所说"柏拉图式政治哲学"的双重意思：哲学的隐晦/显白双重教诲。

施米特反犹立场并非根据于"机会主义"而根据于基督教信仰,这一点就非常明确了。这部书的出版在多大程度上鼓舞了迈尔,从迈尔自己的话里便可以看出:"《语汇》更能够让人清楚地了解施米特的信仰核心以及他关于敌友的基本区分。施米特生前三十多年的反思和注释读起来让人觉得他在强化某种解释,正是这种解释构成了如今重版拙著《隐匿的对话》的基础。"(页71)至此,什么是施米特政治思想的核心比较清楚了,于是谁是政治神学的理论敌人和实际敌人也同样清楚了。

五 两个敌人形象

搞清楚谁是政治神学的理论和实际敌人之后,最后仍然留下一个问题,关于两者之间的关系问题。政治哲学和犹太教同时在这场思想对话中被确认为政治神学的敌人,尽管我们区分了理论层面和实际层面的敌人,但是这种区分只是权宜性的,敌人在最根本的意义上是生存论上的敌人,无论是理论层面的还是实际层面的。在这场思想对话中,代表政治哲学立场的恰恰是"一位犹太学人";政治神学家施米特具体明晰地确认自己的敌人形象,恰恰和这位犹太学人的评注有关;更令人瞩目的是,这位犹太学人似乎不是反对而是促使并加强了施米特对自身立场的清楚认识。施特劳斯的思想立场在于政治哲学,这种政治哲学深刻反思哲学在这个世界上的根据问题,思考哲学的自我省察问题,思考哲学作为一种根本生活方式在超越政治生活的同时如何在最大程度上能够保护政治共同体的生活方式。另一个事实也颇耐人寻味,施特劳斯后来对哲学家海德格尔的政治立场作出了理论上的批判，这种批判并非空疏的指责，而正是基于政治哲学的思考；与此不同，施特劳斯似乎并没有明确地提到施米特的政治立场，也许他后来对这个具体事件不甚了了。

从这篇专论的整体来看，有三种思考政治的立场。反政治的（现代）自由主义立场、政治神学和政治哲学立场。这三种立场的对比思考，在施特劳斯的文本中有明确论述。最明显的对比论述见于《什么是政治哲学?》和《苏格拉底问题》。前者讨论了思考政治的三种主要立场，基于理性立场的古典政治哲学、基于启示信仰的政治神学、"科学的"政治理论。[1] 与这三种立场相对应，后者提到了超越政治的三种方式：哲学或曰理论（theoria）、启示信仰、自由主义的个人权利。[2] 这三种立场互相之间的关系构成了施特劳斯思想的整体网络。施特劳斯自身的立场在于古典政治哲学。从这种立场出发，施特劳斯对现代政治哲学有诸多批评思考。其中，有两点甚为关键。一，现代哲学放弃了古典政治哲学中最佳政体的理想；二，不再把律法而是把（个人）权利作为政治哲学的出发点。至于这种立场和政治神学立场之间的关系，施特劳斯主要着眼于它们之间的紧张和不可通融。熟悉施特劳斯的读者都可以感觉得到，施特劳斯的这些思考对迈尔这篇文章有多么重要。

在强调神学与哲学之间、启示信仰和哲学理性之间的紧张之时，施特劳斯大多强调犹太启示信仰和希腊哲学理性之间的政治冲突。与

---

[1] Leo Strauss, *What Is Political Philosophy? And Other Studies*, Chicago: The University of Chicago Press, 1988, 1959, 13ff.
[2] Leo Strauss, "The Problem of Socrates: Five Lectures", in Thomas Pangle ed., *The Rebirth of Classical Political Rationalism: An Introduction to the Thought of Leo Strauss*, Chicago: The University of Chicago Press, 1989, pp. 161 – 162.

此相关的是施特劳斯对中世纪基督教的看法。他认为这两种生活的冲突乃是西方思想的生命力所在。任何对这两种因素的综合或者妥协必然要么导致哲学成为神学的婢女，要么神学成为哲学的附庸。中世纪基督教思想造成了哲学成为神学的婢女，现代启蒙哲学的首要目标是要把哲学从神学中解放出来。这也是为什么施特劳斯讨论中世纪哲学的时候，几乎不怎么理睬基督教世界的哲学家，除了马尔西留，他主要追随了犹太和阿拉伯一系的理性哲学家。其重要原因就在于这些哲学家非常认真地对待神学和哲学的紧张，一点也没有要综合或者妥协两者的意思。这也是他所说政治哲学的一个关键。施特劳斯临终前编定的《柏拉图式政治哲学研究》，集中讨论柏拉图对话的文章仅两篇。整个集子以一篇讨论胡塞尔和海德格尔的文章开头，以一篇讨论犹太裔哲学家柯亨的导言作结，其他文章涉及修昔底德、色诺芬、尼采、迈蒙尼德、马基雅维里等思想家。如何把这些看起来千差万别的思想家放在一起，并且题之为"柏拉图式政治哲学研究"？如果撇开其他细节，有一点值得特别注意，那就是篇篇文章都着眼于两种生活的紧张：神学与哲学、启示和理性之间的紧张。柏拉图、修昔底德和色诺芬不是生活在一个并不知道启示宗教的世界里吗？没错。但是，施特劳斯说，他们都生活在敬拜（奥林波斯）诸神的政治世界中；更为重要的是，他们清楚政治神学对于政治哲学的敌意；柏拉图和色诺芬还从政治哲学的角度在其作品中预先做了对任何政治神学的回答。

对这种紧张的强调，在施特劳斯对《创世记》的解读中也很明显。他把《创世记》第一章的意图解读为对哲学主题的贬低，把第二、三章的意图解读为对哲学意图的贬低：哲学欲以人类理性为基础来知识善恶。历史地来看,《创世记》的成书年代里,犹太人并不知道希腊哲学。同样地,施特劳斯说,这并不表明他们就不了解哲学生活对神学生活的威胁。从施特劳斯的解读来看,他虽然没有直接说但显然表明了,引诱人堕落的蛇就是哲学家。所以,蛇的后裔和女人的后裔之间的永恒敌意,乃是哲学生活和神学生活之间的永恒政治冲突。蛇从来是撒旦或者魔鬼的代名词,如此,这种冲突也就是神/魔之间的永恒冲突。哲学在圣经作者的眼里成了魔鬼的象征。施特劳斯作为政治哲学家不但不认为这种解释荒谬,而且认为这才真正体现了犹太传统的"理性"。用施米特的话来说,这种传统明确地认出了真正的敌人,并预先对政治哲学作了拒绝。在这里,哲学家站在魔鬼的阵营,犹太教站在上帝的阵营。不过,这是《创世记》的角度。施特劳斯知道哲学在圣经中意味着什么,也如此解读《创世记》,但不见得他自己也就这么看。在解读《游叙弗伦》的时候,他如此写道:"到底是圣经正确还是哲学正确,当然是极端重要的唯一问题。但要想理解这一问题,人们必须首先去看看哲学自身到底是什么。人们不能一开始就透过圣经的眼镜去看它。"① 透过圣经眼镜所看到的哲学是什么?魔鬼。施米特就是这么看的,但是施特劳斯并不完全这么看。施特劳斯晚年对希腊文本的解读,其目的就在于透过哲学自身来看哲学,当然圣经所代表的那种生活一直就是哲学理解自己的场所。

至此,我们知道了哲学是圣经眼中的真正敌人,是魔鬼。但是,犹太人不是站在上帝一边吗?怎么也和政治哲学家一样被归入了魔鬼

---

① 施特劳斯:《论〈游叙弗伦〉》,载贺照田主编《西方现代性的曲折与展开》,《学术思想评论》第六辑,吉林人民出版社 2002 年版,第 174—195 页,引文见第 195 页。

行列？如果从犹太教和基督教之间的千年冲突来看，犹太人被一个基督教的政治神学家认作敌人也不奇怪。碰巧的是，政治哲学和犹太人在《概念》中同时被认作敌人，这只是碰巧而已吗？迈尔的分析表明，施特劳斯的评注推动了施米特更明确的表明了自己的立场。如果考虑到施米特在第三版中增加了许多攻击犹太人的文字，岂不是其中也有施特劳斯的一份功劳？岂不是说施特劳斯助长了施米特的这种立场？政治哲学和政治神学两种立场的对立，在迈尔的整个构思立意中都很明显，从其论施特劳斯的篇章中同样明显可见。迈尔的分析也指出了，施米特反犹言论和立场不是因为机会主义的政治态度，而是因为基督信仰。但是，迈尔没有讨论，这种反犹立场在《概念》第三版的深化和他的整个论题（政治神学和政治哲学的对立）有什么样的关系。是根本上有关系，还是不过一个偶然？恰巧施米特是一个基督徒，施特劳斯是一个犹太人？从迈尔的分析来看，政治神学家施米特把犹太人和政治哲学具体明晰地认作敌人，都是基于信仰的根据。令人感兴趣的是，这两个具体的敌人形象之间有没有什么关联？

  在这些问题上，迈尔令人遗憾地没有能够进一步分析。鉴于施特劳斯思想对迈尔的总体立意的重要性，不妨求助于他对施特劳斯的讨论？在这篇专论的最后一个段落，迈尔指出了施特劳斯在完全不同的根基上试图超越自由主义的视角，即回到现代自由主义的奠基人所具备的视角，并进一步回溯到古代自由主义的奠基人所具备的视角。所谓"古代自由主义"，也就是古典政治哲学，或曰柏拉图式的政治哲学。在侧重讨论施特劳斯的后四篇文章中，基本上是这个简要讨论的详细阐述。看起来，"犹太人问题"并没有在迈尔的考虑之中。迈尔当然知道，当施特劳斯讨论"哲学和神学"之间的冲突之时，他的着眼点主要在于希腊哲学和犹太律法之间的政治冲突。虽然施特劳斯经常使用"圣经教诲"以及类似的表达,似乎要刻意冲淡犹太教和基督教之间的根本分别,但从他的具体论述不难看出,他主要在谈犹太正统的立场,或者说犹太教的理性主义路线。这里指出这一点,不是说施米特的基督教神学立场不适合用施特劳斯"哲学和神学的紧张"这个说法来分析,因此也不是要否认迈尔把施米特的政治神学放在基督教政治神学整个脉络中加以考虑的恰当性。迈尔也正确地强调了"苏格拉底问题"对施特劳斯政治哲学的根本意义。但是,犹太人和政治哲学同时作为政治神学的敌人,它们自身之间有什么关系,这个问题仍然还不是很清楚。而且,政治哲学家施特劳斯作为一个犹太人,为什么不是反对倒反而加强了施米特把(政治)哲学和犹太教作为敌人的立场?这里边有什么可以探讨的思想问题?

自由主义批判和犹太人问题[*]

一

"施米特得享盛名和声名狼藉，更多是因为他的《政治的概念》，而非因为其所有其他著作。"[①] 这是一本重要而独特的施米特研究著作的开篇语。如果将句中的施米特换作霍布斯，将《政治的概念》换作《利维坦》，便是施米特《霍布斯国家学说中的利维坦》一书的开篇语。显然，迈尔论施米特之语乃是施米特论霍布斯之语的一个模仿。迈尔的《隐匿的对话》是对《政治的概念》的细致而尖锐的悉心研究，其开篇语乃至章节设计却是对《霍》书的仿效。虽然这不一定有什么深意，然而也在一定程度上说明了《霍》书对于《政》书、霍布斯对于施米特的重要性。施米特之毁与誉虽然更多在于

---

[*] 本文原为施米特论霍布斯文集中文本所作导言，故文中各处尤其第二节征引施米特1938年的霍布斯著作（Carl Schmitt, *Der Leviathan in der Staatslehre des Thomas Hobbes, Sinn und Fehlschlag eines politischen Symbols*, Stuttgart: Klett-Cotta, 1982），没有给出引文脚注。

[①] 迈尔，《隐匿的对话——施米特与施特劳斯》，朱雁冰、汪庆华等译，华夏出版社2002年版，第11页。译文有改动。

《政》书，然而就其重要性而言，《霍》书若非有过之，至少也无不及。六十年代，《霍》书就被认为在施米特著作中"处于中心地位"①。哈贝马斯也持类似看法，他称此书为"施米特的首要作品"，可引我们到达"施米特思想世界的政治核心"②。

1932年，施米特的《政》书印行第二版。一个年轻的"犹太学人"施特劳斯为此书写了一个评注。这篇评注也是唯一一篇评论文章作为施米特《政》书英译本附录出版。《政》书最为显眼的论调是批评自由主义。施特劳斯指出，这种批评仍然停留在自由主义视界之中，因此施米特仍然受制于"自由主义思想体系"。"职是之故，人们只有成功地赢得一种超越自由主义的视界，才算完成了施米特提出的对自由主义的批判。在这个视界之内，霍布斯完成了自由主义的奠基。所以，只有在充分理解霍布斯的基础上，才有可能彻底批判自由主义。"③也就是说，作为自由主义的奠基人，霍布斯还拥有一种自由主义之外的视界；施米特作为自由主义的批评者却深受自由主义本身的视界所限。只有重新检视霍布斯及其拥有的自由主义之外的视界，才能彻底理解和批判自由主义。施特劳斯本人的霍布斯研究，出发点也在这里。由于施米特和卡西尔的推荐，年轻的施特劳斯于1932年获得洛克菲勒基金会的奖学金，游学巴黎；1933年基金会决定再给他一年的奖学金，根据施特劳斯的信件，这主要归功于施米特

---

① 参本书附录之四，马什克《论施米特的〈利维坦〉》，"全面国家与极权主义"，开头。
② J. Habermas, "The Horrors of Autonomy: Carl Schmitt in English", in *The New Conservatism: Cultural Criticism and Historians' Debate*, trans. S. W. Nicholsen, Cambridge: Polity Press, 1989, p. 129.
③ 施特劳斯：《〈政治的概念〉评注》，刘宗坤译，载刘小枫编《施米特与政治法学》，上海三联书店2002年版，第1—25页，引文见第24—25页。译文稍有改动。

对施特劳斯呈交给他的"霍布斯研究第一部分的评价。"① 由于这笔奖学金,施特劳斯赴英国继续研究霍布斯。英伦之行的一大成果便是1936年以英译文形式出版的《霍布斯的政治哲学》。此书应该和施米特的《政》书以及施特劳斯本人的评注联系起来,才能更清楚地理解施特劳斯论霍布斯的路向和意图。

几十年后,施特劳斯为其处女作《斯宾诺莎的宗教批判》的英译本写了一个长篇序言,在这个序言的结尾,十分简短地提到了他本人思想历程的转向(change of orientation),而且这个转向"并非完全偶然地"始于其施米特《政》书评注②。从施特劳斯本人的著作来看,这一转向是一个根本性的转向。这个转向在于对一个偏见的克服。施特劳斯自承,其斯宾诺莎著作的基础还建立在一个强有力的偏见之上,也即认为不可能回到前现代哲学。其1932年的评注则开始呼吁要"赢得一种超越自由主义的视野"。这里所说的"自由主义",也就是有别于古代自由主义的现代自由主义。霍布斯作为现代政治哲学也即现代自由主义的奠基人,还十分清楚古代自由主义的要旨。现代自由主义一经奠立而且占得优势之后,便以自己的"偏见"吸引了人们的眼光。于是,只有现代自由主义所理解和批判的、而不再有原汁原味儿的古代自由主义。在其评注中,施特劳斯说施米特还在自由主义的框架中批评自由主义,也就是说施米特还受制于现代自由主义

---

① 见施特劳斯给施米特的三封信,载迈尔,前揭书,页212—215。
② Leo Strauss, "Preface to the English Translation", *Spinoza's Critique of Religion*, trans. E. M. Sinclair, Chicago: The University of Chicago Press, 1997, 1965, 1 - 31. 此书1965版后附有施特劳斯的施米特《政》书评注一文,所以序言结尾部分的说明所指清楚。芝加哥大学1997版去掉了所附评注,若非知情者,序言结尾部分的说明显得不知所指。这篇序言收入《古今自由主义》(*Liberalism Ancient and Modern*)的时候,施特劳斯增添了注66以说明这个结尾处提到的文章所指为何。

的"偏见",从而没能够彻底理解和批判自由主义。只有理解了自由主义如何告别古代形式而采纳现代形式,只有理解了现代自由主义奠基人的眼光和意图,才能彻底理解和批判自由主义。这也是为什么施特劳斯一直在寻找现代政治哲学的起点,从霍布斯到马基雅维里再到维科。要理解现代自由主义的奠基人,便要理解他如何偏离或者批判古代自由主义。要判断这一偏离和批判是否恰当,便不能光依赖现代政治哲学眼光中的古代自由主义,便不得不同时考察后者如何理解自己。如此,也就意味着承认回到前现代哲学的可能性。承认这个可能性,首先要清楚意识到现代读者深陷其中的现代"偏见",要承认像前现代哲学家理解他们自己那样去理解他们的可能性。

其实,施特劳斯的霍布斯著作也没有完全按照其评注结尾部分的设想展开。除了对一部手稿的偶然发现之外,这部著作似乎更主要地还在于为赢得一种超越自由主义的眼光廓清道路。施特劳斯论证了,霍布斯的政治思想的基础并没有因为他后来对新科学的欣赏而有所改变。霍布斯思想发展历程中到底有没有一个转折,至今仍然是霍布斯学界争论不休的一个问题。施特劳斯的论证在于说明,霍布斯作为现代政治哲学的奠基人,其政治思想基础一以贯之,并没有发生根本转变。从另一个角度来说,霍布斯之所以是现代政治奠基人,并不是因为他将新科学方法成功地运用到政治领域中来,而在于他对古典政治哲学尤其是亚里士多德以及柏拉图政治哲学的偏离或者批判,而这种偏离或者批判在其早期作品中已经确定。施特劳斯仅在其霍布斯著作的最后一章才真正切入1932年评注结尾处的提议,将霍布斯和柏拉图对比。这一古今自由主义的对比在后来的《自然权利和历史》中才得到完整表达。

耶路撒冷抑或雅典？施特劳斯四论

1932年6月，施米特在一封信中说："到目前为止，对《政治的概念》的评论成百上千，我从中几乎没有什么获益。不过施特劳斯博士倒写了点有趣的东西，他的那篇有关我的著作……的论文十分精彩，他是一本有关斯宾诺莎的书的作者。"[①] 然而，施米特在多大程度上接受施特劳斯的提议，很难从文本阅读中直接得知。迈尔对《政治的概念》三个版本的悉心研究，加上他对施特劳斯思想的熟知，证明了施特劳斯评注对于施米特清晰表达自己思想立场的重要性。迈尔论证道，施米特和施特劳斯两者的思想立场，其根本都不在于对（现代）自由主义的批判，这只不过是一个起点而非立足点。在施特劳斯的挑战之下，施米特更为清晰地表达了自己的立场，也即政治神学的立场。施特劳斯的挑战则是政治哲学的挑战。迈尔的一个独到理解是，只有理解了其对立面，才能真正理解政治神学的立足点；反之亦然。因此，只有理解了施特劳斯的立场，才能真正把握施米特思想的根本；反之亦然。自其《隐匿的对话》以后，迈尔一直在进一步阐述和深化他的这个论点。对施特劳斯的熟知使得他对施米特的解读在施米特研究领域独树一帜；而对施米特的通晓又使得他对施特劳斯的理解在施特劳斯研究领域别具一格。他如此突出两者的鲜明对比并非一般意义上的比较，而是通过这一对比刻意凸显两种针锋相对的根本立场。可以说，没有人像迈尔那样突出地强调施特劳斯对于理解施米特思想立足点的重要性，也没有人像他那样突出地强调施米特对于理解施特劳斯思想立足点的重要性。通过研究一个"纳粹法学家"和一个"犹太学人"之间的一场"隐匿的对话"，迈尔特别刻画了政治

---

① 转引自迈尔，《隐匿的对话》，前揭，页15注2。

神学和政治哲学这两种截然相反的生活立场的对峙。

施米特是纳粹时期的德国著名法学家，这是一个无可否认的历史事实；施米特的著作中显然可见对犹太人的攻击和敌意，这也是无可回避的文本事实。因此，这两个事实也就可以轻而易举地被联系在一起：施米特反犹，显然因为他是"纳粹法学家"；或者倒过来说，施米特是第三帝国的"皇冠法学家"，他的反犹立场自然也就不言而喻。然而，这个看似自然的联系被迈尔的研究推翻了。迈尔把施米特的思想立场定位作政治神学，把其思想根基识别为启示信仰。如此，施米特的反犹立场也就被放在启示信仰的基础之上，从而与纳粹的种族反犹立场划清界限。于是，指控施米特的反犹言论为政治机会主义以及从自由主义意识形态角度指责施米特为纳粹法学家，这两种最为常见的指责都因此而失去了根据。迈尔在施米特研究中所开启的这个"神学转向"，其尖锐性由此可见一斑。施米特的思想根基在于启示信仰、其反犹立场乃是神学的而非种族的，这两点自《隐匿的对话》出版以后已经逐渐得到认可和呼应①。如此，施米特的反犹立场无关纳粹政治，也无关政治机会主义表态，而是与基督教传统本身根深蒂固的反犹因素紧密相关。

迈尔的论述表明，施米特作为政治神学家，既持反犹立场，又与政治哲学针锋相对。那么，犹太人和政治哲学，两者之间有什么特别

---

① 比如 Alain de Benoist 在其"Schmitt in France"［*Telos* 126（Winter 2003）: 133 – 52］一文第 144 页直接援引迈尔的论断以反驳法国霍布斯学者对施米特纳粹立场的指控；又如 Micha Brumlik 在其文章标题中就明确地将施米特的反犹立场标作"神学—政治的反犹主义"，尽管全文并没有提到迈尔，见其论文 Carl Schmitts theologisch-politischer Antijudaismus, 载 Bernd Wacker（Hg.）, *Die eigentlich katholische Verschärfung…*, *Konfession*, *Theologie und Politik im Werk Carl Schmitts*, München: Wilhelm Fink Verlag, 1994, 247 – 256。

的关联吗？迈尔的论述本身已经把这个问题带了出来，但没有给予足够重视。如果这个问题没有得到回答，迈尔的结论本身就仍然还是一个问题。迈尔主要着眼于强调政治哲学和政治神学的对峙，从而在一定程度上忽略了其论述本身已经提示出来的问题。如果这个问题并不关键，就算忽略了它也就没有多大关系。因此，我们在认真思索这个问题之前，首先要思考这个问题是否属于关键问题，尤其是对于理解施米特和施特劳斯、对于理解政治神学和政治哲学来说是否重要。

这个关于问题重要性的前问题，从施特劳斯的论述中更容易找到若干肯定提示。第一个提示来自前面提到的《斯宾诺莎的宗教批判》英译本序言。这是由一位犹太作者所写的关于一位犹太前贤或者离经叛道者的著作。这篇序言通篇都在讨论"犹太人问题"及其各种解决办法。恰在这篇施特劳斯的"自传性序言"结尾处，施特劳斯提到了其本人思想的"转向"：从现代自由主义的"偏见"中摆脱出来，转而认为回到古代理性主义为可能。这不禁令人发问：犹太人问题和古今自由主义的关系如何？这个问题也就把我们带到了施特劳斯著作中的第二个提示。这个提示出现在施特劳斯另一篇简短得多的序言，也即《古今自由主义》的序言。在这个序言的结尾，施特劳斯连续问了四个问题："在什么意义上或者在多大程度上犹太教是自由主义的一个根源？犹太人是由于他们的传统或者自身利益而不得不是自由主义者吗？自由主义对犹太人和犹太教必然友善吗？自由主义国家能够声称已经解决了犹太人问题吗？"施特劳斯说，这些问题是其《古今自由主义》最后两篇文章（其中一篇即为"自传性序言"）所讨论的问题。从这两个提示可以看出，在施特劳斯自序心路历程中犹太人和自由主义的关系问题乃是中心问题。至于这个问题如何涉及施特劳斯"政治哲学"的核心，先搞明白施米特尤其在其霍布斯著作中如何论述犹太人和自由主义的关系之后，将更为清楚。所以，现在的问题是：施米特如何看待犹太人和自由主义的关系？或者更为具体一点，施米特在其霍布斯著作中如何论述这个关系？而且，对于施米特的霍布斯论述来说，这个关系是否至关重要？

二

迄今为止，施米特的霍布斯著作基本上仍然只是一部德语之作，换句话说，施米特的霍布斯论述，其中思想对霍布斯研究领域的影响基本上仍然局限于德国。只有德国的霍布斯学者才单独列出霍布斯研究领域中的"施米特问题"[1]。在德国之外，这基本上是受霍布斯学者忽视的一本书。可以说，只有施米特学者才认真看待施米特的霍布斯著作，霍布斯学者则基本上忽略了这本书。在法国霍布斯学者的眼中，施米特的霍布斯论述不过是一个纳粹思想家对霍布斯的歪曲。在意大利，著名的霍布斯学者博比奥（Norberto Bobbio）说，在他开始研究霍布斯的年代里，"研究霍布斯政治思想最为重要的著作之一"——施米特的霍布斯著作——出自一位"政治上可疑"的作者之手。其意思是说，由于作者本身的政治可疑，其著作因此受到忽视。[2]

---

[1] Bernard Willms, *Der Weg des Leviathan*, *Die Hobbes-Forschung von* 1968 – 1978, Berlin: Duncker & Humblot, 1979, 114 – 29. [= Der Staat: Zeitschrift für Staatslehre, Öffentliches Recht und Verfassungsgeschichte, Heft 3.]

[2] Norberto Bobbio, *Thomas Hobbes and the Natural Law Tradition*, trans. Daniela Gobetti, Chicago: The University of Chicago Press, 1993, 施米特在法国的情况，参 Alain de Benoist, "Schmitt in France", *Telos*, 126 (Winter 2003), pp. 133 – 152.

在英语世界，施米特虽有"当代霍布斯"之名——且不论出于赞许还是出于诋毁的目的，但在重要的霍布斯论著中，都很难找到施米特的名字，更别说对施米特之霍布斯论题的讨论。与此不同，施特劳斯及其霍布斯论著在霍布斯学者的著作中出现率则相当高。一个霍布斯学者可以完全不管施特劳斯的"政治哲学"意味着什么，仍然可能乐于考虑施特劳斯关于霍布斯政治哲学的论述。也正因为如此，霍布斯学者通常注意不到，施米特对于施特劳斯思考霍布斯的重要性。施特劳斯的霍布斯著作在其英译本问世三十余年之后，于1965年以其德文原文在德国出版。施特劳斯在为德文版所作的序言中明确承认了他对霍布斯的理解受惠于施米特。同样在1965年，施特劳斯的处女作《斯宾诺莎的宗教批判》英译本问世。施特劳斯不仅将其施米特《政》书评注作为这个译本的附录出版，而且还在其为此译本所作"自传性序言"的结尾明确提到，所附评注标志着其本人思想"转向"的起点。

施特劳斯的霍布斯著作［英译本］出版于1936年，施米特的霍布斯著作出版于1938年。施米特是否看到施特劳斯的霍布斯著作，不得而知。在其霍布斯著作中，施米特确实几次提到施特劳斯的名字和著作，但只是提到其《斯宾诺莎的宗教批判》，并没有提到其1936年的霍布斯著作。在首章临近结尾处，施米特提及犹太学者施特劳斯的斯宾诺莎著作，并有一小段评论。此间，他校正了施特劳斯的一个说法。施特劳斯对斯宾诺莎《神学政治论》的研究证明了，斯宾诺莎的思想极大受惠于霍布斯。他还指出霍布斯把犹太人看作是政教分离的始作俑者。施米特为施特劳斯的这个看法加上了一个理解前提："霍布斯反抗典型的犹太—基督教对原始政治统一体的分裂。"也就是说，霍布斯在反对犹太—基督教对原始政治统一体的分裂时，具体地讲，在反对罗马教皇教会孜孜以求的"黑暗王国"时，才把犹太人看作是毁灭国家的政教分离的始作俑者。"霍布斯认为，属世和属灵两种权力的分离在异教徒那里是不存在的，因为对他们来说宗教是政治的一部分；而犹太人则从宗教的角度促成了［两者的］统一。"根据《利维坦》第12章中的区分，前者乃是人的政治，宗教是政治的一部分；后者则为神的政治，政治乃是宗教的一部分。[①] 两者皆主属灵和属世权力的统一，从这一点上看，霍布斯没有单独把犹太人看作政教分离的始作俑者。霍布斯反对基督教教皇教会以及长老会和教派分立者对政教统一体的分裂，而犹太渊源又是基督教会及其各个教派无可摆脱的胎记。只有在这个意义上，也即犹太人作为基督教会来源的意义上，霍布斯才把犹太人看作是政教分离的始作俑者。这是施米特所加前提的大概意思。同时，施米特肯定了施特劳斯对霍布斯政治理论本有含义的准确把握："重新恢复原始的统一体。"这是霍布斯政治理论的根本意图。施米特霍布斯著作的基本思路就在于，分析这一意图的意义及其失败。

施米特的书以短小简练著称，此书也不例外。全书凡七章，依次仔细分析"利维坦"这个政治象征的历史渊源、在霍布斯文本中以及在一般语言学史中的意思、利维坦作为"会死的上帝"在霍布斯那里的三重用法、利维坦作为巨型机器因其全面中立化和技术化而臻于完善、内在信仰和外在认信的分别埋下了利维坦的死亡种子、间接权力的多元主义导致这台机器分崩离析、霍布斯的这个象征为什么会

[①] 霍布斯：《利维坦》，黎思复、黎廷弼译，商务印书馆1985年版，第83页。

失败以及其失败的意义。从结构上看，全书有一个上升和下降的过程，前半追源溯本，从而在第四章达到顶点，后三章则分析失败的过程及其意义。整个结构从内容概要便看得清楚。这里，我们仅着重来看：在施米特的分析中，什么因素对霍布斯所运用的利维坦这个象征来说最为重要，以及什么因素造成或者推动了这个象征的失败？

利维坦这个象征出自《约伯记》，霍布斯将这巨兽形象用以象征国家权能。这一事实使得《利维坦》与一个充满歧义的圣经形象联系在一起。对于《利维坦》所要表达的国家观念，这一圣经形象可以是一个栩栩如生的描绘，也可以是一个难以承受的重负。霍布斯运用这一圣经形象及其相关经文旨在突出：主权权力者拥有仅他所有而且不可分割的最高世俗强权。施米特根据文本分析了利维坦国家在《利维坦》中的四重意义：巨兽、会死的上帝、巨人、巨型机器。首先，利维坦作为巨兽。这与传统的各种解释联系在一起，最为关键的是这个巨兽形象总与海洋及其所代表的力量联系在一起。在施米特看来，此处恰好隐藏着霍布斯国家理论的一个宿命。霍布斯企图以此海兽形象复兴自然的政治统一体，然而这一形象在其本国人民那里却成了恐怖的"专制主义"的代名词。虽然霍布斯的国家理论流亡到了欧洲大陆并在那里得到最大程度的实现，然而这一海兽形象却又不适合刻画陆上列强的力量。其次，利维坦作为"会死的上帝"。施米特以为，把国家刻画作上帝在霍布斯那里并没有什么特别的意思。用巨兽"利维坦"来刻画国家，可能是一个出于"精妙的英国幽默的、半讽刺的文学念头"；用上帝来刻画国家，从策略方面来看，不能把神性完全交给教会对头，从思想形式来看，霍布斯的利维坦乃是加尔文上帝的世俗化形式。施米特还指出，在《利维坦》出版前后，"利维坦"已经成了"一个幽默指代",不再在形而上学的和神话的意义上得以使用。再次,利维坦作为巨人。在全书开端,施米特就指出将国家描绘成"巨人"可以追溯到柏拉图,然而利维坦具有柏拉图笔下的"巨人"国家所没有的神话力量。不过,这股神话力量来自"利维坦"这个象征,而霍布斯的"巨人"国家本身则要摆脱这个象征的神话特征。这个"巨人"乃是人工作品,是一个"人造人"(homo artificialis),其创造者和材料都同样是人。这个"巨人"作为人工作品,其内在逻辑导致其本身就作为一台机器而起作用。这就引出了利维坦在施米特解释中最后也是最重要的一层意义。现代国家之所以能够提供保护,乃因为它本身的命令和运作机制。施米特以为,利维坦作为巨型机器涉及霍布斯"国家建构的核心"。国家"机器"这一观念开启了现代国家中立化和技术化的进程。通过比较笛卡尔和霍布斯,施米特论述了霍布斯机器化"巨人"国家的重大意义。现代国家和社会观念得以建立,其最初的形而上学决断归功于笛卡尔,他把人看作一台由肉体和灵魂组成的机器;霍布斯将笛卡尔的人观转而运用到"巨人"国家身上,将国家也机器化或者机械化,从而完成了笛卡尔对人类形象的机械化。于是,作为这台机器灵魂的"主权代表"也变成了这台机器上的一个零件。[①]

由于霍布斯,国家变成了一台巨型机器。这种国家概念的革命性

---

① 施米特将资产阶级自由主义的精神源头归到哲学观念的变革,并且明确表示哲学观念的革新比宗教虔敬感更能说明现代政治体制的源头,可能针对韦伯将资本主义精神归结为新教伦理的想法。施特劳斯显然也采取了施米特的这条思路,在《自然权利和历史》的一个长注中明确批评,韦伯高估了神学领域革命的重要性、低估了哲学方面革命的重要性。参 Leo Strauss, *Natural Right and History*, Chicago: The University of Chicago Press, 1950, 60 – 61, n. 22.

在于，它为后来的技术工业时代创造了"精神史的或者社会学的前提"。国家机器在其技术中立化中臻于完成。像技术本身一样，这台机器独立于种种政治目标和信念的具体内容，并且保持一个技术工具在价值和真理上的中立性。其技术中立的关键就在于，国家法律独立于任何内容实质性的正义和真理声称；这台机器的"正义"和"真理"就在于其自身，在于其自身的功能和绩效。机器本身无所谓"正义"或者"不义"，因此国家作为机器这样一个观念也就预设了，国家本身无所谓"正义"或者"不义"。霍布斯的国家在观念上铸就了后来的技术中立国家，并在后者那里达到顶峰。

1937年，施米特曾发表《霍布斯和笛卡尔思想中作为机械装置的国家》。1938年的霍布斯著作前四章基本上可以说是这篇文章的一个扩充和深化。后三章中的一些想法和讨论，则为1937年的文章所无。1937年的文章结尾十分简单地提到了，国家机器作为"会死的上帝"必然会死。然而，这个"会死的上帝"为什么会死以及如何两次死去，在1938年的著作中才有详细讨论。在第三章开头，施米特指出了"会死的上帝"这个说法引起许多误解误释，其原因在于霍布斯使用了三种不同的观念。其一，利维坦四重意思的统一；其二，法律上的契约建构而成的主权代表人；其三，由主权代表人充当灵魂的机器。此书第五章和第六章就探讨国家机器作为"会死的上帝"的两次死亡，这两次死亡乃是自内而外的死亡。第五章讨论主权代表人作为国家机器灵魂的死亡，第六章则讨论国家机器本身构造的解体。施米特特别突出了，国家机器的两次死亡与犹太人的策略关系密切。

国家主权权力的死亡与犹太人有什么关系？

据施米特分析，霍布斯本人埋下了这一死亡种子，也即对内在信仰和外在认信、公共理性和私人理性的区分。这粒死亡之种植根于霍布斯那"根深蒂固的个人主义保留条件"，植根于他在奇迹问题上的双重态度。在奇迹问题上，霍布斯在认识上持不可知论立场，在政治上则持决断论立场。彻底的不可知论立场乃是对宗教的启蒙批判，不过霍布斯巧妙地将此批判立场转换为建设立场：所谓奇迹就是国家主权权力明令要相信的奇迹。通俗言之，国家主权权力说那是奇迹，对其臣民来说那就是奇迹。什么是奇迹，其决定权在于作为公共理性的国家。然而，霍布斯一方面把奇迹决定权归于公共理性，国家臣民在言行上必须与国家权威保持一致；另一方面又把私人理性的自由纳入其国家建构之中，也就是说，个人是否在内心真的相信这一奇迹，则全由其私人理性判断。可以说，霍布斯在奇迹问题上的决断论立场背后，仍然涌动着认识上的不可知论立场。不过，在霍布斯的思想中，这个不可知论立场处于后台位置，处于前台的是其决断论立场。霍布斯国家建构中的这一"几乎看不见的断裂"，这一现代自由主义的重大缺口，被首位自由派犹太人斯宾诺莎敏锐地识别出来。斯宾诺莎还将霍布斯那里的内外公私之分颠倒了过来，从而将个人信仰和私人理性的自由推到了前台，将公共认信和公共权威限制在后台；首要的事情在于确保个人思想和信仰的自由，国家主权权力则变成了保留条件。利维坦的命运在这个犹太人手里发生了决定性的转换。这个转换为后来的自由法治和宪政国家的出现铺平了道路。霍布斯埋藏在地底下的种子，自此而后不断成长壮大，触目可见。施米特指出，在这粒死亡种子的成长过程中，起最重要作用的是"犹太人永不安分的精神，犹太人知道〔如何〕最好地利用这一形势，直到公共与私人、行为和信念的关系被颠倒过来"。继斯宾诺莎之后，门德尔松继续推进了其犹太先哲斯宾诺莎的事业，提出了内在与外在、法律与伦常、内在信念与外在行为的分离。经过犹太人区分策略的倒转，霍布斯的利维坦变成了外在全能、内在无能的权力集中营。于是促成了国家主权作为"会死的上帝"的内部死亡。

因此在18世纪，作为巨人形象的主权代表人已经从内部死亡，不过作为机械装置和机器的国家仍然运转良好。在19世纪的欧洲，君主专制制度让位于资产阶级的自由法治国家。后者的正当性全在于其合法性，"正当"或者"法权"转而变成了国家"法规"。运转良好的公务体制代表了彻底技术化了、依法循规的中立工具。因此，"法治国家"本身"形式化和中立化为一个无需理会目标内容或者真理和正义内容、以可计算的方式发挥作用的国家合法性体系"，于是，国家机器就成了千差万别的政治势力可以用来为他们自己服务的技术中立工具。一个布尔什维克国家只要按照理性可计算的法规运转，也同样可以自称"法治国家"，这是一个令"法治国家"观念支持者颇为难堪的事实。① 这是自由法治国家机器观念的一个缺口。施米特指出，在19世纪，也是一位犹太哲学家F. J. Stahl-Jolson马上看到并利用了这一缺口。他把法治国家完全等同于其实现方式和特征，在法律概念上确认了国家内容和形式、目标和特征的分离，从而确保了18世纪发展出来的内在外在之别。施米特评论道："这位犹太哲学家带

---

① 在第四章第二段，施米特评论道，西方的自由民主制和布尔什维克马克思主义一致地把国家看作技术中立的工具。无独有偶，另一位和纳粹有染的大思想家也在三十年代中期谈论俄国和美国在形而上学方面的一致，并把这种一致性归于技术运作和人民民主。参海德格尔《形而上学导论》，熊伟、王庆节译，商务印书馆1996年版，第38、46页。

156

着明确的目标和本能推进了从斯宾诺莎延伸到门德尔松的路线。"斯塔尔的区分引导霍布斯的国家机器进入宪法体制的运转,"这个体制的基本框架是一份个人自由权利目录。因此得到确保而且据称自由的私人领域便撤出了国家,而转由'自由的'也即不受控制的、无形的'社会'力量摆布"。这些彼此一致的"社会"力量形成了政治党派体系,通过宪法体制而控制国家立法议会,从而利用国家这台机器直到搞垮它为止。霍布斯的利维坦在根本上是要复兴自然政治统一体,在其中国家权力和责任、保护和服从相辅相成。然而,间接权力经常把自己的行为冒充为宗教、文化、经济或者私人事务,国家无可干涉,霍布斯所要复兴的政治统一体也就因此分崩离析,国家作为"巨型机器"也就再次死去。

施米特的分析表明,霍布斯的国家理论本意在于复兴属灵和属世权力的自然统一,然而其理论中所包含的私人理性自由这一保留条件,为其国家建构埋下了死亡之种。国家的敌对者看到并且培植了这颗死亡之种,直到这个统一体解体为止。施米特特别突出了犹太人推波助澜的关键作用。接下来的问题是,犹太人为什么要积极参与屠杀和阉割利维坦的事业?从施米特的讨论来看,有两个原因。其一关乎犹太习传解释所表现出来的民族本能。施米特强调了在犹太神秘派解释中,利维坦象征着尘世权力,犹太人的上帝最终要骟了雄性利维坦,腌了雌性利维坦的肉,作为天堂里义人的美餐。犹太人在一旁观看尘世权力的争斗,并从中渔利。其二关乎犹太民族的解放。在谈到门德尔松的时候,施米特说,他所采取的区分策略是"削弱和侵蚀国家权力是瘫痪异族、解放他自己的犹太民族的上佳办法";谈到斯塔尔的时候,施米特说:"斯塔尔做了他作为一个犹太思想家该做的事情,也就是说,参与阉割一个充满生机的利维坦。"总而言之,在施米特的论述中,霍布斯所用"利维坦"这个政治象征,犹如霍布斯国家理论中的特洛伊木马,其中隐藏的犹太习传解释力量,导致了其国家建构的崩溃。

三

犹太人散落万族之中,没有自己的土地;犹太人属于上帝,他们只忠诚于他们的上帝而非地上的尘世权力。因此,他们要遭受尘世的宗教和政治压迫。为了把犹太人从这种宗教和政治压迫中解放出来,以使犹太人和他们生活在其中的民族获得同样的宗教自由和政治自由,从斯宾诺莎到门德尔松再到斯塔尔采取了区分内外公私领域的策略,将国家机器转变成为一个空无实质内容的形式和工具。在作为一个技术中立化工具的国家之中,犹太人的宗教信仰和其他民族的信仰一样,属于国家权力无法干涉的私人事务,犹太人作为这样一个国家机器的公民,其政治地位也就在法理上与其他国民一样。然而,犹太人的这一现代策略到底是否真正获得了成功?从施米特的论述来看,犹太人成功地瘫痪并瓦解了现代欧洲的国家主权机器。然而,这个方面的成功是否确实使犹太人获得了解放?这个现代策略对犹太人自身来说是否可取?施米特关于现代自由主义和犹太人关系的思路所留下的问题,在"犹太学者"施特劳斯关于"犹太人问题"的思索中得到了进一步追问和反思。

施特劳斯在其"自传性序言"中强调了德国思想对犹太人的恨,认可了德国著名思想家对犹太人的攻击。施特劳斯并没有反击这种攻击,反而接受了这种攻击,并且认为在这种攻击中的犹太人形象更合乎犹太人的本质。① 相反,犹太维新思想家对犹太传统的革新则在根本上偏离甚至背叛了犹太本质,这种维新在一定程度上成了其对手思想套路的俘虏。施特劳斯检讨了从斯宾诺莎以降的种种解放犹太人的办法,其结论是这些办法实际上全都归于失败,都没能解决犹太人问题。于是,施特劳斯重点考察犹太问题现代解决方案的起点:斯宾诺莎。施特劳斯用了一半的篇幅探讨斯宾诺莎,说明他对斯宾诺莎的重视远胜于对其他后续犹太思想家的重视。斯宾诺莎的目的在于把犹太人从现实政治重负中解放出来,这一点施特劳斯与施米特持相同看法。这一方案是否成功?施米特指出了犹太人成功地推动了异族国家的瓦解。但是,这一成功是否就意味着犹太人的成功解放?施特劳斯的讨论否认了:斯宾诺莎的良好意图——通过奠立一个技术中立的社会而是犹太人和基督徒获得同样的政治地位——一劳永逸地解放了犹太人的政治重负。但是,分析了种种解决方案的失败之后,施特劳斯本人也没有给出答案。犹太人问题究竟如何可以得到解决?或者这个问题就是一个根本上不可解决的问题?

施特劳斯的"自传性序文"从《斯宾诺莎的宗教批判》一书的历史背景开始,分析了为什么德国犹太人比西方其他国家的犹太人处境更为惴惴不安,接着分析了"犹太人问题"的种种解决方案(自由主义、政治犹太复兴主义、文化犹太复兴主义、宗教犹太复兴主义

---

① 早在1924年,施特劳斯就在一篇短评中强调了重视"犹太人本质"在其他民族心灵中的形象,这篇短评恰是评论一个在宗教和精神上"反犹"的德国思想家:Paul de Lagarde。参 Leo Strauss, *The Early Writings* (1921-1932), trans. and ed. Michael Zank, Albany: SUNY, 2002, p. 90。

等）为什么都不能解决问题。这构成了文章的前半部分，主要分析斯宾诺莎之后的解决方案。施特劳斯从自由主义的解决方案开始讨论，一直到罗森茨维克的回归犹太信仰。值得注意的是，施特劳斯更多地为尼采和海德格尔这两个反犹嫌疑甚重的思想家辩护，批评布伯和罗森茨维克的回归犹太教方案实际上并不是回归而是背弃犹太正统。当然，后者的目的是要重振犹太教的生命力，用国人熟悉的话来说，是要进行传统的"创造性转化"。在施特劳斯看来，这种"创造性转化"实质上是对传统的创造性毁灭。与此相反，在言论上或者政治上对犹太教怀有敌意的尼采和海德格尔，反而更好地把握了犹太正统的本质。

斯宾诺莎之后种种解决之道无论各自多么不同，有一点仍然一致：正统已经在根本上被启蒙驳倒了。在一开始，启蒙思想家面对正统的强大压力，尚需讲究策略。他们明白正统在根本上不可驳倒，所以采取了嘲笑的策略。启蒙运动不是驳倒了而是笑倒了正统。[1] 启蒙运动的奠基人深知，即使他们赢得了胜利，正统的根基仍然没有丝毫动摇。然而，自从启蒙思想家的策略取得成功之后，后来的思想皆以启蒙运动的胜利为当然，以为正统已经被启蒙所驳倒。于是，启蒙与正统交锋的尖锐性逐渐在启蒙取得胜利的观念之中为人遗忘。启蒙之后的思想基本上以"扬弃"启蒙为目的，所谓"扬弃"，在启蒙基础上超越启蒙之谓。在施特劳斯看来，现代哲学的这种不断自我扬弃掩盖了启蒙与正统争论的关键。这也是为什么施特劳斯强调只有回到启

---

[1] Leo Strauss, *Philosophy and Law: Contributions to the Understanding of Maimonides and His Predecessors*, trans. Eve Adler, Albany: SUNY, 1995, pp. 29–30.

蒙的奠立时期，才能明白启蒙与正统各自的根本立场。只有在那里，才能明白启蒙的意图，才能清楚正统本身如何捍卫自己。斯宾诺莎乃是"首位犹太自由主义者"，因此要探讨犹太问题的现代根源，必须回到斯宾诺莎。斯宾诺莎方案就是以自由主义方式解决犹太人问题的首次尝试。"自传性序言"前半部分已经指出了自由主义方案无力解决犹太人问题，后半部分则集中讨论斯宾诺莎方案的意图和基础，也即斯宾诺莎为什么要提出自由主义方案，以及什么是这个方案的支撑点。

《神学政治论》的目的在于揭示走向自由社会的道路，这个社会的原则乃是从圣经抽离出来，这些原则在新旧约中都存在。因此，斯宾诺莎给予了先知和耶稣及其使徒同样的普世意义。由于这些原则既非基督教也非犹太教独有，所以两者皆可接受。而且在这个社会中，犹太人和基督徒享有平等地位。但是，要建立这样一个自由社会，就必须废除摩西律法。因为摩西律法是政治法、是神法。如果恪守这个律法，就不可能同时奉行任何国家的法律。那么如何看待耶稣的训导呢？斯宾诺莎（以及施特劳斯）的答案是，耶稣和摩西不同，摩西是立法者，耶稣是一个文士。说的明白一些，摩西律法因为是政治法所以是强制性的，耶稣的教导因为不是政治法所以是劝告性的。所以后者不会和自由社会的法律直接冲突。在这个思想上，斯宾诺莎遵循了霍布斯《利维坦》中区分法令和劝告的观点。斯宾诺莎的目的在于开辟一条建立自由社会的道路，在这个自由社会中，犹太人和基督徒享有同样的公民权。施特劳斯总结道，从这一点来看，虽然可以说斯宾诺莎憎恨犹太教，但决不能说他憎恨犹太人民。他对犹太教的攻击基于对解放犹太人的思考，这也是他所能想到的唯一解决之道。

斯宾诺莎方案的意图现在清楚了，接下来要弄清楚斯宾诺莎的出发点，以及这个出发点是否可靠。在序文中，施特劳斯三次提到斯宾诺莎追随马基雅维里。有两点需要特别指出，一是不同于犹太正统的上帝，斯宾诺莎的上帝在善恶之外，上帝造光也造暗、造和平也造恶端，上帝的大能就是他的义（right），并且任何事物的能力也就是它们的义。施特劳斯评论说，斯宾诺莎把马基雅维里主义抬到了神学的高度。二是斯宾诺莎的程序本身和他的上帝一样在善恶之外，人道主义目的本身确保手段的正当性。

在序文的最后，施特劳斯分析了两个关键问题。一是斯宾诺莎的宗教批判是否已经驳倒了正统？二是这种现代的宗教批判和古代的宗教批判有什么不同，这种不同说明了什么样的问题。首先，施特劳斯以为斯宾诺莎并没有驳倒正统。正统启示信仰假设：上帝无所不能、他的意志不可测度、他的道不是我们可以认识的道、他居于重重黑暗之中。斯宾诺莎的《神学政治论》从这些正统假设出发，试图根据圣经和常识驳斥它们。如果正统派宣称知道这些断言，那么斯宾诺莎已经驳倒正统；但是如果正统派只是宣称相信这些断言，那么他便没有驳倒正统。这些假设无可反驳，既不能为经验也不能为矛盾原则所驳倒。而且，斯宾诺莎也没有表明，这些假设不可能。此外，斯宾诺莎及其后继者与正统作战的主要武器是"嘲笑"。嘲笑不是反驳正统，而是笑倒了正统，嘲笑本身就是反驳。如果要成功地反驳正统派，便要求证明，人类生活完全可以理喻，无需预设一个神秘不可知的上帝。如此，便要求一个自足的哲学系统。斯宾诺莎的《伦理学》便试图构造这样一个系统。但是，这个系统的根本起点仍然是假设。所以，在认知上，这个哲学系统和正统派的断言没有根本区别，两者都依赖根本的假设。由此，施特劳斯得出结论说，斯宾诺莎和正统之间的对立，在根本上不是理论的对立（也即，在认知上没有差别），而是道德的对立。

接着，施特劳斯引入了现代宗教批判与古代宗教批判的不同。传统犹太教通常把不信者看作伊壁鸠鲁主义者（享乐主义者）。而伊壁鸠鲁主义恰是宗教批判的古典形式。它把理论教导看作一种解放手段，把人的心灵从宗教恐惧、死亡恐惧和自然的必然性中解放出来。伊壁鸠鲁主义和宗教"幻想"作斗争的原因，在于它是可怕的。现代宗教批判与宗教"幻想"作斗争的原因，仅在于它是幻想，不管是可怕的还是慰藉的。因为这幻想蒙骗了人，令人忘掉了尘世的幸福；更可气的后果在于，人们的属灵统治者或者尘世统治者因此骗走了他们的尘世幸福和好处。从宗教幻想解放出来之后，人意识到自己的实在状况，他备受自然的威胁。成为自然的主人，是他唯一的得救之道。人们相信，只有通过征服和控制自然，人才能获得更大的自由。这是现代思想的一个根本点。随着现代工程的辉煌进展，其目标似乎并不那么令人惊叹，人本身似乎也越来越卑琐和无望，宗教成了一条逃避恐怖和无望的出路。与此相应，出现了"一种新的坚毅"，这种坚毅拒绝宗教的出路，它既不和生命的恐怖作战，也不和慰藉的宗教幻想斗争，而是愿意直面人的被抛弃状态，它出于"理智真诚"而有勇气欢迎最可怕的真理。施特劳斯称这种新坚毅为"最后的无神论"，并把这种出于"理智真诚"的无神论看作"斯宾诺莎宗教批判的最终辩护"。这种哲学新坚毅既无需启蒙哲学的苦涩论战也无需浪漫派的虔敬精神，它"通过彻底的理解正统而彻底地超越了正统"。但是，这种哲学新坚毅的基础和斯宾诺莎哲学系统的基础一样，是假设性的，是一个意志行动和信念行动。最后，施特劳斯评论道，哲学作为对明证和必然知识的询问，把自己的基础建立在意志行为和不清楚的决断之上，"这对任何哲学都是致命的"。施特劳斯试图说明的是，现代理性主义必然走向自我毁灭之路；斯宾诺莎解决方案以现代政治理性主义为基础，自然也就必然失败。

在《斯宾诺莎的宗教批判》中，施特劳斯指出了斯宾诺莎对霍布斯的依赖，这个看法得到了施米特的附和。在其自传性序言中，施特劳斯几次提到斯宾诺莎受惠于马基雅维里。霍布斯和马基雅维里曾先后被施特劳斯定为作现代政治哲学的奠基人，也就是说，斯宾诺莎思想本身极度依赖于现代政治哲学的奠基人。既然现代政治哲学本身出了问题，斯宾诺莎解决犹太人的现代方案也自然要出问题。在其"自传性序言"结尾，施特劳斯特意提到自身思想的转向，也即从现代理性主义转向中世纪和古代理性主义。迈尔十分敏锐地看到并且突出了施特劳斯关于这个转向的自我说明。[①] 不过，迈尔只是突出了这个转向的一方面，施特劳斯的这个转向即是转向古典理性主义，也即转向柏拉图式政治哲学。他没有强调，施特劳斯的这篇序文总体上完全在讨论犹太人问题的现代解决方案及其根本上的不可解决性。迈尔没有把这个转向和这篇序文的论题"犹太人问题"联系起来考虑，正如其没有详细讨论政治神学眼中的犹太人和政治哲学两者关系如何一样。施特劳斯的"自传性序言"在很大程度上是其《哲学与律法》一书导言的一个发挥，其中有些句子甚至直接取自后者。在导言中，

[①] Meier，前揭，第 166 页。

施特劳斯指出："犹太教的现况……为启蒙运动所决定。"① 因此，对启蒙运动的反思，同时也是对犹太教现状的一个反思。所以，施特劳斯转向古代和中世纪理性主义并非仅出于哲学本身的理由，同时也出于对犹太人命运的关心。

"自传性序言"中所提到的转向使得施特劳斯发现或者重新发现了古典理性主义之隐晦/显白论。施特劳斯之所以成为施特劳斯，主要就因为他对隐晦/显白论的发现或者重新发现，这也是施特劳斯所说政治哲学的核心。他把这个政治哲学的线索从现代回溯到中世纪犹太和伊斯兰哲学家再回溯到柏拉图，并把这条思路命名为"柏拉图式的政治哲学"。自从施米特《政》书评注以后，他一边清理"现代政治哲学奠基人"霍布斯的政治学，一边研究中世纪犹太哲人及其伊斯兰前贤的政治哲学。1930年代中期，他差不多同时出版了《霍布斯的政治哲学》和《哲学与律法：论迈蒙尼德及其前贤》。在这两本书中，探究古今政治哲学的根本不同已经十分明显。在其霍布斯最后一章，施特劳斯显然站在古代而非现代政治哲学的奠基人一边。在其论迈蒙尼德一书中，立场也是一样，通过中世纪犹太和伊斯兰理性主义之口指点现代理性主义的缺失和必然自我毁灭的命运。

施米特以为，斯宾诺莎开始了犹太人颠覆异族国家的现代策略，并且成功地造成了国家权能的毁灭。施特劳斯的思索则表明，这一现代策略其目的虽然在于解放犹太人背负的政治压迫重负，然而这一策

---

① Leo Strauss, *Philosophy and Law: Contributions to the Understanding of Maimonides and His Predecessors*, trans. Eve Adler, Albany: SUNY, 1995, p. 22.

略并没有一劳永逸地解决不可解决的犹太人问题。现代自由主义的内外公私之分,虽然在法理上确立了犹太人与寄居国公民的平等地位,但是这一区分也保障了"社会性歧视"不受国家干预。自由主义方案的目的在于解放犹太人,其根本思路在于放弃传统的政治法,而成为一个内心具有犹太信仰的现代国家公民。施特劳斯的分析则表明了,这条路子并不能保障犹太人不受嫉恨。更为关键的是,犹太人是否另有更好的出路或者更高贵的命运?

四

施特劳斯把中世纪犹太和伊斯兰理性主义看作柏拉图式政治哲学的中世纪传人。中世纪基督教神学以及作为现代研究学科的中世纪基督教哲学甚至整个基督教本身则和古代理性主义在根本上分裂了。[1] 1936年,继《哲学与律法》一书之后,施特劳斯以法语发表了一篇《关于迈蒙尼德和法拉比政治科学的若干评论》[2]。其中明确强调了中世纪犹太和阿拉伯思想与古代[希腊]思想在政治科学方面的"一种深刻一致性",指出了"耶路撒冷的先知和雅典的苏格拉底冒着同样的危险"[3]。而且,"也许是新约,而宗教改革和现代哲学则无疑导

---

[1] 关于中世纪犹太和伊斯兰理性主义与中世纪基督教神学的重要差别,参施特劳斯《如何着手研究中世纪哲学?》,陈建洪译,载《经典与解释的张力》,刘小枫、陈少明主编《经典与解释》第一辑,上海三联书店2003年版,第299—320页,尤其后半部分。
[2] 英译文:"Some Remarks on the Political Science of Maimonides and Farabi"。
[3] Leo Strauss, "Some Remarks on the Political Science of Maimonides and Farabi", trans. Robert Bartlett, *Interpretation*, Vol. 18, No. 1, (Fall 1990), pp. 4, 19. [译自"Quelques Remarques sur la Science Politique de Maïmonide et de Farabi", *Revue des Etudes Juives*, [100 [1936]], pp. 1 – 37。

致与古代思想的决裂"①。

与当时基督教世界理性主义的明确合法地位相反，中世纪伊斯兰—犹太理性主义的神学—政治地位十分危险。而且，伊斯兰—犹太理性主义者丝毫没有要摆脱这种危险的意思，反而要维持这种危险处境，并把这种处境看作既是哲学生活的本性，也是对自身所处信仰和政治共同体的负责态度。② 一方面，中世纪理性主义者作为理性主义者视哲学生活为更好的生活，另一方面，他们又意识到这种更好的生活只能隐晦地传授，否则信仰和政治共同体的信念将在根基上受到动摇。总之，哲学对于信仰和政治共同体来说是危险的，而且必须保持这种危险性才能保持哲学的高贵和政治的稳定。凡人都生活在信仰和政治共同体之中，如中世纪理性主义者的哲学权威所言，人类在本性上是政治动物，"凡人由于本性或由于偶然而不归属于任何城邦的，他如果不是一个鄙夫，那就是一位超人"③。如此，哲学作为高贵的生活方式就不得不是政治的，就不得不采取隐晦—显白教诲。在中世

---

① Leo Strauss, "Some Remarks on the Political Science of Maimonides and Farabi", trans. Robert Bartlett, *Interpretation*, Vol. 18, No. 1, (Fall 1990), pp. 4, 19. [译自 "Quelques Remarques sur la Science Politique de Maïmonide et de Farabi", *Revue des Etudes Juives*, [100 [1936)], pp. 4-5。
② 这种危险性也就是施特劳斯早期一篇作品中所强调哲学的自然困难。1930年，施特劳斯在一篇讨论"当今宗教形势"的讲演稿中，通过详细阐述柏拉图的洞穴比喻强调了哲学的自然困难。这种困难也就是有幸得见日光者重返洞穴后所碰到的困难。参 Leo Strauss, "Religiöse Lage der Gegenwart", in *Gesammelte Schriften*, Band 2 *Philosophie und Gesetz: Frühe Schriften*, hrsg. von Heinrich Meier, Stuttgart: J. B. Metzler, 1997, pp. 385-86. 鉴于此，施特劳斯早期作品的英译者和编者，把施特劳斯自传性序言中所提到的"转向"从1932年的施米特评注回溯到1930年的这篇讲演稿。参 Michael Zank, "Introduction" to Leo Strauss, *The Early Writings* (1921-1932), Albany: SUNY, 2002, 13, pp. 29-32。
③ 亚里士多德：《政治学》，吴寿彭译，商务印书馆1965年版，第1997年第6次印刷，1253a。

纪基督教世界，哲学不但没有这种危险性，反而是神学的门槛学科。现代政治哲学的奠基人把哲学从这种危险性的重负之下解脱出来，设想了一个技术中立的天下国家。施特劳斯一直在试图确立现代哲学的现代转折点，并反思这种解脱对哲学和人类生活来说到底是好还是不好。在他看来，柏拉图及其中世纪传人并不是没有看到这种解脱，只是这种解脱在他们眼里是不可取的。①

在施特劳斯看来，只有伊斯兰—犹太理性主义才延续了柏拉图式政治哲学的精髓。这在一定程度上也展示了其自身所属传统的优越性。1955年，施特劳斯在耶路撒冷讲演"什么是政治哲学"，开篇就点明，"在这座城市，在这片土地，政治哲学的主题——'义人之城、虔诚之城'——比地上任何其他地方都得到了更为严肃的对待"②。在耶路撒冷讲"什么是政治哲学"，施特劳斯接着说，他时刻不忘"耶路撒冷代表着什么"。耶路撒冷代表着什么，施特劳斯在其讲演稿《耶路撒冷和雅典》以及他对《创世记》的解读中都作了较为详尽的解释。简而言之，耶路撒冷代表着遵从上帝律法的顺敬生活，与雅典所代表以人类自身理性为基础的自由生活相对照。既然耶路撒冷代表与哲学生活相对立的顺敬生活，那么它又和作为哲学一部分的政治哲学有什么关系？

在犹太教那里，圣经教诲首先意味着摩西律法。摩西律法乃是神

---

① 在《什么是政治哲学?》中，施特劳斯谈到了时人和古人民主观的根本差异仅在于对技术之品质（the virtues of technology）的不同估价。古人已经预言了，把技术和技艺摆脱道德和政治的控制会导致将人非人化的灾难。Leo Strauss, *What Is Political Philosophy? And Other Studies*, Chicago: The University of Chicago Press, 1988, 1959, p. 37。
② Leo Strauss, *What Is Political Philosophy? And Other Studies*, Chicago: The University of Chicago Press, 1988, 1959, p. 9.

法，其基础在于上帝对摩西所说的话。这个律法教导犹太人顺从上帝的诫命而非任何尘世智慧。根据施特劳斯的解读，圣经作者深知来自雅典立场的挑战，因此在一开端就对此作了预防和警告，在《创世记》第一章贬低哲学的主题，在第二、三章贬抑哲学的意图。这一解读说明了，耶路撒冷所代表的生活立场从一开始就深知并明示了其对立面的危险性。最后，也正是耶路撒冷所代表的立场从一开始就对其对立面采取了严厉和压制，从而迫使哲学不得不采取隐晦/显白论，一方面保护自己免受直接压迫，另一方面保护资质平庸的大众免因哲学而误入歧途。因此，哲学就不得不是政治的。这一点也解释了，为什么施特劳斯特别把政治哲学与犹太—伊斯兰世界联系在一起。由于犹太—伊斯兰正统对律法的高度依赖，哲学的政治性也因此也"比地上任何其他地方都得到了更为严肃的对待"。政治哲学的传统因此在犹太—伊斯兰世界中得到了更好的延续。这也说明了为什么施特劳斯如此重视和赞赏中世纪犹太—伊斯兰理性主义者。中世纪基督教神学把哲学引入自身，因此哲学对神学也就谈不上有什么"危险性"。现代政治哲学虽然明白古代政治哲学的意图，但是现代政治哲学决意与这种意图决裂，并试图建造一个完全不同的世界。因此，施特劳斯对古典政治哲学的捍卫，在一定程度上也是对犹太正统的捍卫。

所以，政治哲学传统在犹太—伊斯兰世界得到更为严肃的对待。除此而外，施特劳斯之转向中世纪和古代理性主义还有没有关于犹太人命运更为深层的考虑？施特劳斯在其霍布斯著作德文版序言中说，自20世纪20年代以后，神学—政治问题是其研究所围绕的"主题"。同样，迈尔也敏锐地突出了施特劳斯的这个自述。根据迈尔的解释，施特劳斯所说的神学—政治论"是一种哲学写作，这种写作置身于神学与政治的选择之间，并通过辨析政治和宗教的要求走向哲学"①。也就是说，迈尔从哲学的角度把施特劳斯所说的"神学政治论"等同于"哲学的政治"，也即柏拉图式"政治哲学"。然而，施特劳斯所说的神学政治论主题也与其对犹太人命运的思考息息相关。在其"自传性序言"的开头，施特劳斯指出了在他写作《斯宾诺莎的宗教批判》时，他正纠缠于"神学—政治困境"。而那个时候，还在施特劳斯所说的转向之前，因此可能还不是从哲学政治角度来说。这里所说"神学—政治困境"可能与他接着讨论的"犹太人问题"关系更为明显。1962年，施特劳斯曾在芝加哥大学作《为什么我们仍然做犹太人？》的讲演。在这个讲演中，施特劳斯说："我相信我可以毫不夸张地说，自从很早很早的时候以来，我思考的主题（the main theme of my reflection）就一直是所谓的'犹太人问题'。"② 如果把这个陈述与其霍布斯著作德文版序言以及斯宾诺莎著作英文版序言中的陈述连起来看，那么施特劳斯所说的"神学—政治困境"可能就是"现代犹太人的困惑"③，而作为其思想主题的"神学—政治问题"就是这里所说的"犹太人问题"。

施特劳斯早期的几本著作犹太色彩明显，但是后期的著作似乎更

---

① Meier，页91，同参页163。

② Leo Strauss, "Why We Remain Jews: Can Jewish Faith and History Still Speak to Us?" in *Jewish Philosophy and the Crisis of Modernity*, *Essays and Lectures in Modern Jewish Thought*, edited with an introduction by Kenneth Hart Green, Albany: SUNY, 1997, p. 312.

③ Leo Strauss, "Existentialism", *Interpretation*, Vol. 22, No. 3, (Spring 1995), p. 303. 这篇讲演稿曾收入 Thomas L. Pangle 所编于1989年出版的《古典政治理性主义的再生》(*The Rebirth of Classical Political Rationalism*)，但是编者对集中多篇文章都作了许多技术处理，包括这篇讲演。编者删去了这篇讲演看似无关紧要的开篇语。中译文依照 Pangle 的本子，题作《海德格尔式生存主义导言》，丁耘译，载贺照田主编《西方现代性的曲折与展开》，《学术思想评论》第六辑，第113—134页。

为着重柏拉图式政治哲学。施特劳斯通过分析"苏格拉底问题"突出了柏拉图式政治哲学的要旨。那么,施特劳斯著作中的"犹太人问题"和"苏格拉底问题"有没有什么关系?是不是一个不过是早期著作的关心重点,另一个则不过是后期著作的关心重点?或者一方仅与"耶路撒冷"所代表的生活立场有关,另一方仅与"雅典"所代表的立场有关?迈尔的考虑并没有错,但是他没有充分重视施特劳斯的思想转向与其考虑"犹太人问题"的关系。如果如施特劳斯"自传性序言"所示,转向柏拉图式政治哲学可能为回答犹太人问题提供帮助,那么,"苏格拉底问题"为"犹太人问题"提供了什么样的启示?

通过回到政治哲学的创始人苏格拉底,施特劳斯揭示出政治哲学的双重教诲。用古人的话来说,苏格拉底的策略是"因人施教"或曰"因材施教"。这个策略的依据是考虑到哲学生活与政治生活在根基上的冲突。哲学生活要通过质问而超越左右政治生活的政治意见,这种超越仅少数品质上佳者才能承受。哲学是"极个别人的直接事务",海德格尔也仍然强调这一点。[1] 由于哲学生活对政治生活根基的危险性,哲学本身不得不是政治的。这不光出于哲学家这个群体的自我保全意识,更出于考虑到大多数人所依赖的政治生活应该免受哲学的危险。这也说明了,古典政治哲学不赞同现代政治哲学"普世启蒙"的信念。这种"普世启蒙"信念的目标在于建立一个人人在其中得享肉体安全和幸福的普世社会,也就是施米特在其霍布斯著作第三章提到的理性主义"人间天堂"。这也是施特劳斯所强调的古典和现代政治哲学的一个区别。古典政治哲学认为恶不会从尘世间消除,

---

[1] 海德格尔:《形而上学导论》,熊伟、王庆节译,商务印书馆1996年版,第12页。

除非哲学碰巧拥有王位。然而哲人作王的概率微乎其微，虽然并非完全不可能。古典政治哲学深知这一点，故立言以垂后世，建立起一个语言中的哲学城邦。只要哲学还没有王位，人们就仍然还役于政治意见，就还在"昏昏沉沉的生活"中。这个语言中的哲学城邦就好像那蜇人的"牛虻"，把人从"昏昏沉沉的生活"中唤醒。这个哲学城邦的存在表明，任何现实的城邦都不完美。哲学家的存在见证了，这个世界还没有摆脱恶。只要哲学还没有王位，哲学与政治的冲突就还没有停歇。从这一点说，哲学与政治的根本冲突体现了哲人对世人的爱，体现了哲学克服人间恶的不停努力。

最后来看，这些想法与施特劳斯思索的犹太人问题可能有什么关系。施特劳斯在"自传性序文"最后一段的开头指出，正统因为理性哲学的自我毁灭而赢得胜利，这胜利"并不是一种不折不扣的福祉（an unmitigated blessing），因为它不是犹太正统的胜利，而是任何正统的胜利，而犹太正统——它声称高于其他宗教——从一开始就把这个声称建立在它那更高的理性之上（申4：6）"。施特劳斯的这句话需要细心体会。首先，现代理性因为在认知根基上和正统没有分别，从而必然失败；这个失败的主要原因在于哲学放弃了自己的根本立场，接受而不是克服人的被抛状态。其次，正统的胜利本身并非必然，因为这个胜利是由于现代理性的自我毁灭而赢得的。正统因对方的投降不战而胜。再次，由于现代理性的自我毁灭，所以正统的胜利可以是任何正统的胜利。这里我们可以体会基督教神学中新正统神学的胜利，施特劳斯为其霍布斯专著德文本所作的序言中特别提到巴特（Karl Barth），并非偶然。最后，施特劳斯要说的是，即使理性在现代并没有导向自我毁灭之路，犹太正统仍然立于不败之地。这是犹太正统的高明之处。

到底什么是施特劳斯所说犹太正统的"高明之处"？

施特劳斯没有解释。不过这么说的时候，他引用《申命记》第四章第六节经文作为说明。这样，就需要看施特劳斯是否在其他地方对这句经文作过什么解释，如果没有，他所倚重的犹太理性主义者有没有详细解释。这一探讨需要一番更为仔细的文本考究。目前看来，施特劳斯本人并没有在别处对此做过详细解释，施特劳斯视为中世纪理性主义代表的迈蒙尼德在其《迷途指津》也没有就此展开详细解读。因此，暂且只有揣摩心意。首先，不妨查看施特劳斯引作依据的《申命记》第四章第六节。这句经文的内容如下："所以你们要谨守遵行，这就是你们在万民眼前的智慧、聪明。他们听见这一切律例，必说：'这大国的人真是有智慧、有聪明。'"分析施特劳斯的用意时，这句经文中有两点值得我们注意。一是以色列人要谨守遵行上帝向他们陈明的律例，也即摩西律法。二是以色列人只有谨守摩西律法，才为万民赞叹为有智能有聪明。对第一点的强调显然在根本上否定了斯宾诺莎方案，因为后者的基础乃是对摩西律法的放弃。施特劳斯暗示，放弃谨守摩西律法，也就放弃了倍受万民敬佩的犹太智慧。施特劳斯的"自传性序言"已经表明了，自斯宾诺莎以降的解决方案全都不可能解决犹太人问题，文章最后也没有回答犹太人问题如何解决。在《为什么我们还做犹太人？》中，施特劳斯则明确说"犹太人问题无法解决"[1]。那么，又如何理解这个"无法解决"？

---

[1] Leo Strauss, "Why We Remain Jews: Can Jewish Faith and History Still Speak to Us?" in *Jewish Philosophy and the Crisis of Modernity*, *Essays and Lectures in Modern Jewish Thought*, edited with an introduction by Kenneth Hart Green, Albany: SUNY, 1997, p. 317.

耶路撒冷抑或雅典？施特劳斯四论

犹太人的智慧在于谨守上帝的戒命、谨守摩西律法，希腊人的智慧则在于盘问并在盘问中超越一切政治意见。苏格拉底因其不依不饶的盘问而显其智慧，犹太人则因恪守谨行祖宗律法而显其聪明。这是施特劳斯所论耶雅之争的一个方面。另一方面，犹太人作为民族在这个世界上背负的民族命运，却和苏格拉底这样的哲学家背负的个人使命类似。苏格拉底这样的哲学家人间稀有，散落在万千大众之中。其不依不饶的盘问既令人头痛，又令人警醒。哲学盘问表明了，哲学的落脚点根本就不再政治生活之内，尽管凡追求哲学者作为人都在政治生活之内。只要哲学没有王位，哲学与政治在根本上的冲突就不会完结。哲学的存在，见证了世界还没有摆脱恶。犹太人作为一个没有自己土地的民族，散落在尘世万族之中，以其笃信重重黑暗之中的上帝而为世上的稀有民族。对犹太人来说，上帝才是他们的王，尘世的一切王位皆为虚妄。犹太人的笃信上帝同样表明了，他们的落脚点根本不在任何万族所依赖的政治生活，尽管他们不得不生活在万族之中。犹太人对神治的盼望与万族尘世政治之间的冲突不会完结。犹太人的存在见证了，弥赛亚还没有来临，世界还在恶的统治之下。犹太人的谨守神法在万民之中既赢得敬重，也引来嫉恨和迫害。然而，犹太人散落万民之中受苦，乃是捡选民族的使命。犹太民族作为捡选民族的意思，就在于"犹太人被捡选出来以证明救赎尚付阙如（the absence of redemption）"[①]。只有从这个角度来看，才能理解施特劳斯为什么

[①] Leo Strauss, "Why We Remain Jews: Can Jewish Faith and History Still Speak to Us?" in *Jewish Philosophy and the Crisis of Modernity, Essays and Lectures in Modern Jewish Thought*, edited with an introduction by Kenneth Hart Green, Albany: SUNY, 1997, p. 327.

认为攻击犹太教的德国思想家反而比犹太维新思想家更好地把握了犹太教的本质，才能理解施特劳斯为什么认为：从古代晚期罗马人到纳粹德国对犹太人的攻击和憎恨，实质上是对犹太人的赞许（compliment），尽管这些攻击和憎恨的本意并非如此。[1] 这是犹太人作为捡选民族在这个世界上的使命。这个地上没有犹太人的根基，他们的使命就是散落在万民之中受苦并见证救赎尚付阙如。只要犹太人问题还没有解决，就表明弥赛亚还没有来临，世界就还没有得救。犹如苏格拉底是神送给雅典人民的礼物，犹太人是神送给尘世的礼物，以警醒万民。所以，在这个世界上，犹太人问题无法解决，除非弥赛亚来临；就好像哲学与政治冲突无法缓和，除非哲学拥有王位。施特劳斯所说犹太正统的高明，或许就在于深明"犹太人问题"的不可解决及其犹太民族作为上帝选民对于尘世的意义？

政治哲学家施特劳斯对"犹太人问题"的关心、对犹太经典的关注和解读，已经引起两种截然不同的分析。一种分析以为，这不过是施特劳斯的"显白教诲"，是对其自身传统的恭维而已。另一种分析以为，这是施特劳斯真心服膺犹太教的证据。前一种看法过于轻忽"犹太人问题"在施特劳斯思想中的分量，后一看法则多注重施特劳斯对犹太教的忠诚问题，没能深入到施特劳斯对犹太人命运的思索。施特劳斯本人对耶雅之争的特别强调，在一定程度上也令人容易忽略了：两种生活态度除了在根基上针锋相对之外，还拥有类似

---

[1] Leo Strauss, "Why We Remain Jews: Can Jewish Faith and History Still Speak to Us?" in *Jewish Philosophy and the Crisis of Modernity*, *Essays and Lectures in Modern Jewish Thought*, edited with an introduction by Kenneth Hart Green, Albany: SUNY, 1997, p. 321.

的高贵命运。① 只有从这种类似来看,才能明白为什么施特劳斯特意突出,柏拉图式政治哲学的真谛在伊斯兰—犹太世界才得到了真正意义上的弘扬;只有明白了这种类似命运,才能更为恰当而深入地理解施特劳斯所强调的耶雅之争。

---

① 近年来,施特劳斯关于犹太人的精神流亡(*Galut*)状态的思考,开始受到学者们的注意。参 David N. Myers, *Resisting History: Historicism and Its Discontents in German-Jewish Thought*, Princeton: Princeton University Press, 2003, p. 127. 然而,这个问题尚未得到充分讨论。而且,犹太人问题与柏拉图式政治哲学在施特劳斯思想中如何联系在一起,远远还没有得到应有的充分重视和考虑。如此,也就不能很好地解释施特劳斯为什么在晚年还强调,从很早很早的时候起,犹太人问题就一直是他思考的主题(the main theme)。David N. Myers 的学生 Eugene R. Sheppard,其博士论文以施特劳斯和流亡政治为题目("Leo Strauss and the Politics of Exile", Ph. D. diss., UCLA, 2001)。由于未能读到这篇论文,所以此处无法加以评论。

| 参考书目 |

施特劳斯的著作

(AAP), *The Argument and the Action of Plato's Laws*, Chicago: The University of Chicago Press, 1975.

(CM), *The City and Man*, Chicago: The University of Chicago Press, 1964.

EM, "Existentialism", *Interpretation*, vol. 22, No. 3, (Spring 1995), pp. 303-320. (施特劳斯:《海德格尔式生存主义导言》,丁耘译,载贺照田主编,《西方现代性的曲折与展开》,《学术思想评论》第六辑,吉林人民出版社2002年版,第113—34页。)

(EW), *The Early Writings (1921-1932)*, Translated and edited by Michael Zank. Albany: SUNY, 2002.

GA, "A Giving of Accounts: Jacob Klein and Leo Strauss", *JPCM*, pp. 457-466. (施特劳斯、克莱恩:《剖白》,何子建译,载刘小枫编,《施特劳斯与古典政治哲学》,上海三联书店2002年版,第721—34页。)

GN, "German Nihilism", *Interpretation*, Vol. 26, No. 3, (Spring 1999), pp. 357 – 378. (施特劳斯:《德国虚无主义》,丁耘译,载刘小枫编《施特劳斯与古典政治哲学》,上海三联书店 2002 年版,第 735—66 页。)

(GS2), *Gesammelte Schriften*, *Band 2 Philosophie und Gesetz: Frühe Schriften*, Hrsg. von Heinrich Meier. Stuttgart: J. B. Metzler, 1997.

HB, "How to Begin to Study Medieval Philosophy?" *The Rebirth of Classical Political Rationalism: An Introduction to the Thought of Leo Strauss*, Ed. Thomas Pangle, Chicago and London: The University of Chicago Press, 1989, pp. 207 – 226. (施特劳斯:《如何着手研究中世纪哲学?》,陈建洪译,《经典与解释的张力》,《经典与解释》第一辑),上海三联书店 2003 年版,第 299—320 页。)

IPP, *An Introduction to Political Philosophy: Ten Essays by Leo Strauss*, Ed. Hilail Gildin, Detroit: Wayne State University Press, 1989.

J&A, "Jerusalem and Athens", *JPCM*, pp. 377 – 405. [Also in *SPPP*. 147 – 173] (施特劳斯:《耶路撒冷和雅典,一些初步的反思》,何子建译,《经典与解释的张力》,《经典与解释》第一辑,上海三联书店 2003 年版,第 259—297 页。)

JPCM, *Jewish Philosophy and the Crisis of Modernity: Essays and Lectures in Modern Jewish Thought*, Ed. Kenneth Hart Green, Albany: SUNY, 1997.

(LAM), *Liberalism Ancient and Modern*, Chicago: The University of Chicago Press, 1995.

NRH, *Natural Right and History*, Chicago: The University of Chicago Press, 1963. (施特劳斯:《自然权利和历史》,彭刚译,生活·读

书·新知三联书店 2003 年版。)

OIG, "On the Interpretation of Genesis", *JPCM*, pp. 359 – 376. [施特劳斯:《〈创世记〉释义》, 林国荣译,《道风: 基督教文化评论》, 15 (2001 秋季号), 第 61—82 页。]

OT, *On Tyranny, Including the Strauss-Kojèff Correspondence*, Eds. Victor Gourevitch & Michael S. Roth, Chicago and London: The University of Chicago Press, 2000.

PAW, *Persecution and the Art of Writing*, Chicago and London: The University of Chicago Press, 1988, 1952. (此书导论和第一章已经由林国荣译为中文, 载《西方现代性的曲折与展开》, 第 196—225 页。)

PHPW, "Preface to Hobbes Politische Wissenschaft", *JPCM*, pp. 453 – 456.

(PPH), *The Political Philosophy of Hobbes, Its Basis and Its Genesis*, trans. Elsa M. Sinclair. Chicago: The University of Chicago Press, 1952, 1936. (施特劳斯:《霍布斯的政治哲学》, 申彤译, 译林出版社 2001 年版。)

PL, *Philosophy and Law: Contributions to the Understanding of Maimonides and His Predecessors*, Trans. Eve Adler, Albany: SUNY, 1995.

POR, "Progress or Return? The Contemporary Crisis in Western Civilization", *JPCM*, pp. 87 – 136.

PSCR, "Preface to Spinoza's Critique of Religion [the English translation]", *Spinoza's Critique of Religion*, pp. 1 – 31. (施特劳斯:《〈斯宾诺莎宗教批判〉英译本导言》, 汪庆华译, 载《西方现代性

的曲折与展开》，第 226—272 页。）

SCR, *Spinoza's Critique of Religion*, Trans. E. M. Sinclair, Chicago and London: The University of Chicago Press, 1997, c1965.

SPPP, *Studies in Platonic Political Philosophy*, Ed. Thomas L. Pangle, Chicago and London: The University of Chicago Press, 1983.

(SRPS), "Some Remarks on the Political Science of Maimonides and Farabi", trans. Robert Bartlett, *Interpretation*, Vol. 18, No. 1, (Fall 1990), pp. 3 – 30.

TOM, *Thoughts on Machiavelli*, Seattle & London: The University of Washington Press, 1969, 1958.

WIPP, *What is Political Philosophy? And Other Studies*, Chicago and London: The University of Chicago Press, 1988, 1959.

其他参考文献

Aristotle（亚里士多德）：《政治学》，吴寿彭译，商务印书馆1997年版。

Augustine, *On Genesis, Two Books on Genesis Against the Manichees, and On the Literal Interpretation of Genesis: An Unfinished Book*, Trans. Roland J. Teske, S. J. Washington: The Catholic University of America Press, 1991. (The Fathers of the Church, Vol. 84.)

Augustine（奥古斯丁）：《忏悔录》，周士良译，商务印书馆1991年（1963版）。

Bacon, Francis, *Advancement of Learning, Novum Organum, New Atlantis*, Chicago and London: Encyclopaedia Britannica, 1952. (Great

Books of the Western World, Vol. 30.)

Benoist, Alain de, "Schmitt in France", *Telos*, 126, (Winter 2003), pp. 133 – 152.

Berns, Laurence, "Heidegger and Strauss: Temporality, Religion and Political Philosophy", *Interpretation*, Vol. 27, No. 2 (Winter 1999 – 2000), pp. 99 – 104.

Berns, Laurence, "Leo Strauss 1899 – 1973", *The Independent Journal of Philosophy*, Vol. (1978), pp. 1 – 3.

Berns, Laurence, "The Prescientific World and Historicism: Some Reflection on Strauss, Heidegger, and Husserl", *Leo Strauss's Thought: Toward a Critical Engagement*, Ed. Alan Udoff, Boulder: Lynne Rienner Publishers, 1991, pp. 169 – 181. (本斯:《前科学世界与历史主义,关于施特劳斯、海德格尔与胡塞尔的一些反思》,徐英瑾译,载刘小枫编《施特劳斯与古典政治哲学》,上海三联书店2002年版,第379—400页。)

Bloom, Allan, "Leo Strauss: September 20, 1899 – October 18, 1973", *Giants and Dwarfs*, New York: Simon and Schuster, 1990, pp. 235 – 256. [Originally published in *Political Theory* 2 (1974), pp. 373 – 92.] (布鲁姆:《纪念施特劳斯》,朱振宇译,载刘小枫编《施特劳斯与古典政治哲学》,上海三联书店2002年版,第3—28页。]

Bobbio, N., *Thomas Hobbes and the Natural Law Tradition*, trans. Daniela Gobetti, Chicago: The University of Chicago Press, 1993.

Bonhoeffer, Dietrich, *Creation and Fall, A Theological Interpretation of Genesis* 1 – 3, Trans. John C. Fletcher, New York: SCM, 1959.

Colmo, Christopher A., "Reason and Revelation in the Thought of Leo Strauss", *Interpretation*, Vol. 18, No. 1 (Fall 1990), pp. 145 – 160.

Colmo, Christopher A., "Reply to Lowenthal", *Interpretation*, Vol. 18, No. 2, (Winter 1990 – 1991), pp. 313 – 315.

Dallmayr, Fred R., *Polis and Praxis, Exercises in Contemporary Political Theory*, Cambridge and London: The MIT Press, 1984.

Dannhauser, Werner L., "Leo Strauss as Citizen and Jew", *Interpretation*, Vol. 17, No. 3, (Spring 1990), pp. 433 – 447.

Dannhauser, Werner L., "Athens and Jerusalem or Jerusalem and Athens?" *Leo Strauss and Judaism: Jerusalem and Athens Critically Revisited.*, Ed. David Novak, Lanham, Md.: Rowman & Littlefield, 1996, pp. 155 – 172.

Desmond, William, *Beyond Hegel and Dialectic*, Albany: SUNY, 1992.

Desmond, William, *Ethics and the Between*, Albany: SUNY, 2001.

Desmond, William, *Philosophy and Its Others: Ways of Being and Mind*, Albany: SUNY, 1990.

Desmond, William, "Hyperbolic Thought: On Creation and Nothing", *Framing a Vision of the World: Essays in Philosophy, Science and Religion*, Eds. André Cloots & Santiago Sia, Leuven: Leuven University Press, 1999, pp. 23 – 43.

Deutsch, Kenneth L. and Nicgorski, Walter (eds.), *Leo Strauss: Political Philosopher and Jewish Thinker*, Lanham & Landon: Rowman & Littlefield Publishers, 1994.

Deutsch, Kenneth L. and Soffer, Walter (eds.), *The Crisis of Liberal*

Democracy: A Straussian Perspective, Foreword by Joseph Cropsey, Albany: SUNY, 1987 (Corrected Edition).

Drury, Shadia B., *The Political Ideas of Leo Strauss*, New York: St. Martin's Press, 1988.

Drury, Shadia B., *Leo Strauss and the American Right*, New York: St. Martin's Press, 1997.

Ericksen, Robert P., *Theologians under Hitler: Gerhard Kittel, Paul Althaus and Emanuel Hirsch*, New Heaven & London: Yale University Press, 1985.

Fackenheim, Emil L., "Leo Strauss and Modern Judaism", *Jewish Philosophers and Jewish Philosophy*, Ed. Michael L. Morgan, Bloomington and Indianapolis: Indiana University Press, 1996. 97 – 115. [Reprinted from *The Claremont Review of Books* 4 (Winter 1985) 4: 21 – 23.]

Fackenheim, Emil L., *To Mend the World*, New York: Schocken, 1982.

Ferry, Luc., *Political Philosophy : Rights- The New Quarrels between the Ancients and the Moderns*, Chicago and London: The University of Chicago Press, 1990.

Gadamer, Hans-Georg (伽达默尔):《真理与方法》(上、下),洪汉鼎译,上海译文出版社1999年版。

Gildin, Hilail, "Déjà Jew All Over Again: Dannhauser on Leo Strauss and Atheism", *Interpretation*, Vol. 25, No. 1 (Fall 1997), pp. 125 – 133.

Gilson, Étienne, *God and Philosophy*, New Heaven and London: Yale

University Press, 1941.

Grant, Robert, *Oakeshott*, London: The Claridge Press, 1990.

Green, Kenneth Hart, *Jew and Philosopher: The Return to Maimonides in the Jewish Thought of Leo Strasus*, Albany: SUNY, 1993.

Green, Kenneth Hart, "Editor's Introduction: Leo Strauss as a Modern Jewish Thinker", *Jewish Philosophy and the Crisis of Modernity: Essays and Lectures in Modern Jewish Thought*, Albany: SUNY, 1997, pp. 1 – 84.（格林：《现代犹太思想流变中的施特劳斯》，游斌译，载刘小枫编《施特劳斯与古典政治哲学》，上海三联书店2002年版，第29—142页。）

Greenspan, Louis I. and Nicholson, Graeme (eds.), *Fackenheim: German Philosophy and Jewish Thought*, Toronto: University of Toronto Press, 1992.

Habermas, J., "The Horrors of Autonomy: Carl Schmitt in English", in *The New Conservatism: Cultural Criticism and Historians' Debate.*, trans. S. W. Nicholsen. Cambridge: Polity Press, 1989.

Hegel, G. W. F., *Lectures on the Philosophy of Religion*, (One volume edition.) Ed. P. C. Hodgson, trans. R. F. Brown, P. C. Hodgson, and J. M. Stewart. Berkley, Los Angeles, & London: University of California Press, 1988.

Heidegger, Martin（海德格尔）：《存在与时间》，陈嘉映、王庆节译，生活·读书·新知三联书店1987年版；《形而上学导论》，熊伟、王庆节译，商务印书馆1996年版；《路标》，孙周兴译，商务印书馆2000年版。

Hobbes, Thomas, *Leviathan*, Ed. Richard Tuck. Cambridge: Cambridge University Press, 1996 (Revised Student Edition). (Cambridge Texts in the History of Political Thought)(霍布斯:《利维坦》,黎思复、黎廷弼译,商务印书馆 1996 年(1985 版)。)

Lampert, Laurence, *Leo Strauss and Nietzsche*, Chicago: The University of Chicago Press, 1996.(朗佩特:《施特劳斯和尼采》,田立年、贺志刚译,待出。)

Lampert, Laurence, *Nietzsche' Task: An Interpretation of Beyond Good and Evil*, New Heaven & London: Yale University Press, 2001.

Lowenthal, David, "Leo Strauss's Studies in Platonic Political Philosophy", *Interpretation*, Vol. 13, No. 3 (September 1985), pp. 297 – 320.(洛文萨尔:《施特劳斯的〈柏拉图式的政治哲学研究〉》,张新樟译,载刘小枫编《施特劳斯与古典政治哲学》,上海三联书店 2002 年版,第 629—663 页。)

Lowenthal, David, "Comment on Colmo", *Interpretation*, Vol. 18, No. 1, (Fall 1990), pp. 161 – 162.

Löwith, Karl (洛维特):《施米特的政治决断论》,载刘小枫编《施米特与政治法学》,上海三联书店 2002 年版,第 27—76 页。

Maimonides, Moses, *The Guide of the Perplexed*, Trans. Shlomo Pines, Chicago and London: The University of Chicago Press, 1963.(迈蒙尼德:《迷途指津》,傅有德等译,山东人民出版社 1998 年版。)

McCormick, John P., "Machiavelli against Republicanism: On the Cambridge School's 'Guicciardinian Moments'", *Political Theory*, Vol. 31, No. 5, Oct. 2003, pp. 615 – 643。

Meier, Heinrich（迈尔）：《隐匿的对话：施米特和施特劳斯》，朱雁冰、汪庆华等译，华夏出版社 2002 年版。

Meier, Heinrich, *Carl Schmitt and Leo Strauss: The Hidden Dialogue*, trans. J. Harvey Lomax, forward by Joseph Cropsey. Chicago & London: The University of Chicago Press, 1995.

Merleau-Ponty, Maurice, *In Praise of Philosophy*, Trans. John Wild & James M. Edie. Evanston: Northwestern University Press, 1963. （梅洛－庞蒂：《哲学赞辞》，杨大春译，商务印书馆 2000 年版。）

Mintz, Samuel I., *The Hunting of Leviathan, Seventeenth-Century Reactions to the Materialism and Moral Philosophy of Thomas Hobbes*, Cambridge: The Cambridge University Press, 1962.

Myers, David N., *Resisting History: Historicism and Its Discontents in German-Jewish Thought*, Princeton: Princeton University Press, 2003.

Neumann, Harry, "Political Theology? An Interpretation of Genesis (3: 5, 22)", *Interpretation*, Vol. 23, No 1, (Fall 1995), pp. 77–87.

Nichtweiß, Barbara：《启示录的宪法学说——从彼特森神学看施米特》，载刘小枫编《施米特与政治法学》，上海三联书店 2002 年版，第 225—263 页。

Nietzsche, F.（尼采）：《善恶的彼岸》，宋祖良、刘桂环译，漓江出版社 2000 年版；《苏鲁支语录》，徐梵澄译，商务印书馆 1992 年版。

Novak, David (ed.), *Leo Strauss and Judaism: Jerusalem and Athens Critically Revisited*, Lanham, Md.: Rowman & Littlefield, 1996.

Oakeshott, Michael, *Hobbes on Civil Association*, Berkeley: University of

California Press, 1975.

Oakeshott, Michael, *Rationalism in Politics*, London: Methuen, 1977, 1962.

Orr, Susan, *Jerusalem and Athens: Reason and Revelation in the Works of Leo Strauss*, Lanham, Md. : Rowman & Littlefield, 1995.

O'Sullivan, Luke, *Oakeshott on History*, Exeter & Charlottesville: Imprint Academic, 2003.

Pascal, Blaise（帕斯卡尔）：《思想录》，何兆武译，商务印书馆1995年（1985版）。

Philo, Alexandrinus, *Questions and Answers on Genesis*, Trans. Ralph Marcus, Cambridge: Harvard University Press, 1979. (The Loeb Classical Library, 380; Philo, Supplement 1.)

Philo, Alexandrinus, *Works : On the Creation, Allegorical Interpretation*, Trans. F. H. Colson and G. H. Whitaker, London: Heinemann, 1971. (The Loeb Classical Liberary, 226.)（斐洛：《论〈创世记〉》，王晓朝、戴伟清译，香港：汉语基督教文化研究所1998年版。）

Pines, Shlomo, "On Leo Strauss", *The Independent Journal of Philosophy*, Vol. 5/6, (1988), pp. 169–171.

Pippen, Robert B., "The Modern World of Leo Strauss", *Idealism as Modernism: Hegelian Variations*, Cambridge: The Cambridge University Press, 1997, pp. 209–32.（丕品：《施特劳斯的现代世界》，张新樟译，载刘小枫编《施特劳斯与古典政治哲学》，上海三联书店2002年版，第303—35页。）

Plato（柏拉图）：《泰阿泰德·智术之师》，严群译，商务印书馆1964

年版；《波罗塔哥拉》，邝健行译，台北：中国文化大学出版部1985年版；《柏拉图对话七篇》，戴子钦译，辽宁教育出版社1998年版；《斐多》，杨绛译，辽宁人民出版社2000年版；《理想国》，郭斌和、张竹明译，商务印书馆1995年（1986版）；《游叙弗伦·苏格拉底的申辩·克力同》，严群译，商务印书馆1999年（1983版）。

Platt, Michael, "Leo Strauss: Three Quarrels, Three Questions, One Life", *The Crisis of Liberal Democracy: A Straussian Perspective*, Eds. Deutsch, Kenneth L. and Soffer, Walter, Foreword by Joseph Cropsey, Albany: SUNY, 1987 (Corrected Edition), pp. 17–28.

Rosen, Stanley, "Hermeneutics as Politics", *Hermeneutics as Politics*, New York: Oxford University Press, 1987, pp. 87–140. （罗森：《作为政治的解释学》，宗成河译，载刘小枫编《施特劳斯与古典政治哲学》，上海三联书店2002年版，第191—261页。）

Schmitt, Carl（施米特）：《政治的概念》，《施米特文集》第一卷，刘小枫编，刘宗坤等译，上海人民出版社2003年版。

Schmitt, Carl, *Der Leviathan in der Staatslehre des Thomas Hobbes, Sinn und Fehlschlag eines politischen Symbols*, Stuttgart: Klett-Cotta, 1982.

Skinner, Quentin, *Liberty before Liberalism*, Cambridge: Cambridge University Press, 1998.

Skinner, Quentin, *Visions of Politics: Regarding Method*, Cambridge: Cambridge University Press, 2002.

Skinner, Quentin, *Visions of Politics: Renaissance Virtues*, Cambridge: Cambridge University Press, 2002.

Spinoza, Benedict de（斯宾诺莎）:《神学政治论》，温锡增译，商务印书馆1996年（1963版）。

Tillich, Paul, *Biblical Religion and the Search for the Ultimate Reality*, Chicago: The University of Chicago Press, 1955.

Von Rad, Gerhard, *Genesis: A Commentary*, London: SCM, 1963. (2nd ed.)

Wacker, Bernd. (Hg.), *Die eigentlich katholische Verschärfung…, Konfession, Theologie und Politik im Werk Carl Schmitts*, München: Wilhelm Fink Verlag, 1994.

Watkins, J. W. N., *Hobbes's System of Ideas: A Study in the Political Significance of Philosophical Theories*, New York: Barnes & Noble, 1969.

Willms, Bernard, *Thomas Hobbes: Das Reich des Leviathan*, München: Piper, 1987.

Willms, Bernard, *Der Weg des Leviathan, Die Hobbes-Forschung von 1968 – 1978*, Berlin: Duncker & Humblot, 1979.

Wolfson, H. A., *The Philosophy of Spinoza*, Cambridge: Harvard University Press, 1934.

后 记

"耶路撒冷还是雅典?"这样的问题与中国人有什么关系?或者,更直接地问,关我们中国人什么事儿?也许,问这样的问题属于多余。众所周知,耶路撒冷和雅典,或云,希伯来和希腊文明,乃是西方世界的两大源头。了解两希文明自然有助于更好地理解西方。然而,西方始终不是东方,无论耶路撒冷和雅典,都是外来户。从顽固的态度来看,乃是异数;从开明的角度而言,属他山之石。当然,还有更激进的想法,也即,索性埋葬一切古久先生的老黄历,直接奔向西方极乐世界。如今,中国开放了,学术也更宽容开放了,冥顽不化的顽固分子已属稀有。

中国对耶路撒冷和雅典的了解,自然是基督教时代之后的事情。而真正有意识地引入和介绍两希文明,作为应当借鉴的知识和精神资源,则主要在封建王朝覆灭之后,属追求现代之中国的一个组成部分。最后一个王朝的儒家士大夫不仅坚持"耶稣教之难入中国说"[①],而且还抱着美好的愿望,认为"泰西人既知读中国书,他日必将有聪慧之人,

---

① 梁廷枏:《海国四说》,骆驿、刘骁点校,中华书局1997年(1993版),第1—48页。

翻然弃其所学，而思从尧舜禹汤、文武周孔之道"[1]。自王朝变为民国之后，欧战风云又激起新的希望，西方的昏暗意味着东方之曙光。甚至，中国文明的精髓可为西方暗哑人性的疗救。然而，美好的希望毕竟是美好的希望，至今仍然是希望。希望依然还在，古久先生的冥顽却丧失了。倒过来讲，冥顽已经不再，希望还是有的。于是乎，开明人士不得不开放自己的视野和心灵，企图别求新衣于外邦，焕新古道之不振。美而言之，此谓传统的创造性转化。然而，如果创造性本身从来就不是这个传统的美德，那么这个意图本身便是一个疑问。当然，有容乃大。既然这个传统本身并不重视创造性，那么我们可以引入或者创造它的创造性，从而可以转而化之。然而问题仍然没有消失，既然只有创造性地转化之后，传统才得以新生，那么可以这个样子也可以那个样子创造转化。于是，问题便又在于论证哪一个创造更有创造性。结果，较之传统本身，创造性本身成了更为重要的问题。到头来，当传统与创造性两者有矛盾的时候，传统可能不得不削足适履作出牺牲，也就被创造掉了。

较之开明的态度，古久先生显得冥顽不灵，进步人士则显得过于极端。因此，开明态度公允执中。通常来说，古久先生与进步人士处于两个极端，水火不容。然而，有了开明态度这条底边，两者却又如三角形的另外两条边，另外又形成一个交点。除非两者互相妥协而合于底边，否则这个交点永远与底边保持或远或近的距离。究竟在哪一点上古久先生与进步人士站在一起？古久先生要回头，进步人士则要前进。然而，他们在同一个立足点上，奔向相反的方向。这个共同立足点乃是这样一种信念，祖宗传统与现代观念互不兼容。比如，留学西洋的辜鸿铭与留

---

[1] 梁廷枏：《海国四说》，骆驿、刘骁点校，中华书局1997年（1993版），第46页。

学东洋的鲁迅，可说是古久先生和进步人士的各自典型代表。一个哀痛现代文明的昏暗，视古人教化为现代人性昏暗的疗救；另一个则视祖宗教化为杀人传统，因而主张青年人不读古书，勇敢前进。用梁任公的语言来说，一个力撑"老大中国"，一个心向"少年中国"。尽管两者中心各有所属，却仍有一点共识，要么禀承祖宗教训，要么拥抱现代观念，不存在所谓传统的创造性转化。祖宗教训根本在于君君臣臣父父子子，现代生活的理想则讲求个人自由和权利。对进步人士来说，不首先打倒君君臣臣父父子子的基本前提，个人自由无从谈起。对于古久先生来说，现代观念乃是导致道德秩序混乱的根源。

进步观念在中国的萌发阶段，自然面对古久先生的反抗。最初的进步人士乃从古久阵营中蜕变而来，深知古久先生的脾性。进步人士要揭竿而起，自然要遭到古久阵营的反弹。不过，也恰恰因为古久先生的顽固性，进步人士才进步得彻底。当进步阵营取得绝对优势之后，便无需再面对古久先生的威胁。然而，古久阵营的完全失势，也造成进步阵营的逐渐松懈，慢慢变得宽容从而开明了起来。因此，开明乃是进步的变形。

梁任公所描绘的少年中国的理想，也就是现代国家。基本上来讲，一切都服从于现代国家制度的建立。因此，从一开始，现代理念就一直是目标和标准。现代理念曾经被古久先生根据祖宗遗训目为洪水猛兽。自从现代理念及其制度实现成为中国人的首要目标之后，于是，一切古久的东西都要经过现代理念衡量，才知其还有多少利用或者适用价值。梁任公曰，老大中国有朝无国。故中国本无现代意义上的国家概念，这一概念自然自西方来。所以，从一开始，所谓西方，或者说西方在中国的正面形象，就等于现代西方。现代西方是和"黑暗"旧时代的告别，是新时代的开始。这幅图景与中国的现代化追求相一致。

梁任公曾描述当时的欧洲列邦为"壮年国"，而中国从孔子时代起便一直是一个长不大的孩童，彼时始转入少年时代。少年时代大约意识到了童子时代的幼稚和古久先生的重压，从而盼望成年而为自己的主宰。壮年时代一方面已经摆脱了不成熟的思想状态，另一方面尚未老朽而"常思既往"。少年既生独立之念，便常有反叛之心；面对乳臭未干的反叛少年，老年人自然也有一套教育办法，以驯顺容易激动的年少心灵。在少年眼里，老年人已经朽腐，在老年眼里，少年人涉世未深。是故，两者常有冲突。壮年则于少年与老年之间，为之妥协调停。换言之，壮年常是少年和老年妥协的结果。梁任公当年描绘的欧洲壮年国，乃是中国少年的未来憧憬。所以，未有详论壮年国本身的少年和老年时代，以及壮年国里的少年和老年。星转斗移，中国少年的梦想未变，希望成长为欧洲或者美洲的壮年国。施特老斯非中国学专家，然而一眼就看出了中国的现代欧美梦，从而断言，"中国屈从于西方"。这个屈从并非强迫接受的屈服，而是心甘情愿的跟从。施特劳斯说这句话，时值六十年代。无疑，马克思也来自西方。

欧洲壮年国里的少年和老年形象，简单来看，可用雅典和耶路撒冷来比拟。问题是，如何理解这个比拟？先来看耶路撒冷之为老年形象。老年常思既往，记念祖宗训导。圣经教诲道："你当追想上古之日，思念历代之年。问你的父亲，他必指示你；问你的长者，他必告诉你。"[①]是故，尼采如此描述希伯来人的特性："孝敬父亲和母亲，顺从他们的

---

① 《申命记》，32：7。

意志直到灵魂的根柢。"① 看来，斯宾诺莎将犹太人与中国人相提并论②，相当敏锐。只不过现在，如鲁迅之言，中国人的"头发毕竟是剪掉了"。再来看雅典之为少年形象。根据克里蒂亚从其同名祖父那里听来的故事，希腊贤人梭伦曾游历埃及。当地一年迈祭司语之曰："梭伦呀梭伦，你们希腊人永远都是儿童呢：你们中间没有一个老头子。"梭伦于是问此话怎讲。那祭司以这样的回答开头："你们在心灵上全都是年轻的，每个人都如此。因为你们的心里没有一点从古老传统中沿袭下来的旧信仰，也没有一门因为年代久远而变陈旧的知识。"③ 希腊哲学的少年特征由此可见一斑。

欧洲成年国深受希腊少年和犹太长者的影响，可以说是两者相互角力或者妥协的结果。由于现代少年中国的楷模乃是壮年欧洲，所以无论希腊少年还是犹太长者都不过是背景因素。中国少年的关键问题是怎样尽快成年，成为和欧洲或者美洲壮年平起平坐的成年人。无论希腊少年还是犹太长者，于成年国而言，毕竟都已经是过去的辉煌。中国少年追求的乃是未来，未来的壮年，过去的就让它过去吧。就算希腊少年和犹太长者对少年中国多少有些积极意义，基本上也要根据壮年欧洲的见解来论定。如此看来，施特劳斯所说中国之屈从西方，主要是〔心悦诚服地〕屈从壮年欧洲，或者说屈从现代欧洲。因此，无论耶路撒冷还是雅典，远还没有引起中国少年的足够兴趣和注意。如果把两者看作是神学生活和哲学生活的各自代表，那么它们在中国少年的心灵中还谈不

---

① 尼采：《苏鲁支语录》，徐梵澄译，商务印书馆1992年版，第55页。
② 参见斯宾诺莎《神学政治论》，温锡增译，商务印书馆1996年版，第64—65页。
③ 柏拉图，《蒂迈欧》，22b。（中译文见《柏拉图对话七篇》，戴子钦译，辽宁教育出版社1998年版，第158—59页。）

上什么深刻的印痕。

当然，基督教〔耶路撒冷的一脉〕入华很早，如今信徒亦不在少，但是神学生活到底在多达程度上楔入了中国少年的心灵，仍是一个疑问。八十年代曾有不少声音，热情地宣告中国老年已经病入膏肓，少年中国想要成年〔也即，成为自由民主的中国〕，需要用耶稣基督的爱来疗救。这种激情至今仍有回响，是少年中国渴望成年的一种热情。然而，只要中国少年还没有学会控制热烈的激情，他就永远还在盼望成年，还没有跨入成年的门槛。此外，近年来较为热门的学术话题之一，是中国思想和基督教的相遇和对话。这种热门讨论最常见的去向有两个。一是比较的办法，比如说，基督教教导爱是吧，很好，可是我们老祖宗也同样教导爱，不信且看我们祖宗的说法。一是谦虚而开放的态度，最典型的莫过于对"儒家可以从基督教学些什么？"或者"基督教神学家可以从儒家学些什么？"这些问题的广泛思考。然而，不管两者互相学到了什么，基督教信仰对中国人的心灵究竟意味着什么，这个问题仍然未能得到根本讨论。这个方面最尖锐的思考，见于刘小枫起自《拯救与逍遥》的系列著作。在客观心灵看来，刘氏站在基督教神学立场尖锐抨击中国儒释道，有偏颇之嫌。善言之可谓有失公允，直言之则可谓囿于成见。然而，中国少年学会用客观宽容眼光看问题的时间也还很短。客观宽容作为衡量问题的标准是否根基稳固，尚缺推敲。孟子痛斥其时各种"邪说"，尤其是"为我无君"的扬朱和"兼爱无父"的墨翟（《孟子·滕文公下》），在老大中国时代并没有多少人会用"客观"标准来衡量孟子的思想是否狭隘。与孟子时间上相隔遥远的戴震，在这一点上有过之无不及，扬墨老庄释，无不依六经孔孟之是非而断其是非。刘小枫从基督教神学立场对中国思想的发难，其实在中国还没有遇到很像样的响应。谁如果从中国思想立场认真而强硬地反驳刘氏的神学思想根基，那么我们这些追求客观的中国少年大约可以更清楚地看到，基督教信仰对中国人来说意味着什么，以及中国本身的传统可以如何在根基上响应基督教神学的挑战。是疗救？是敌手？是威胁？还是可资利用的思想资源之一？刘小枫的发难把潜在对手逼到了墙角，逼迫他思考到底什么是中国人的生活根基，这个根基是否牢靠。只要他的潜在对手仍然停留在客观宽容中看问题，便难有翻身的机会。若非深得古人精意者，难能变得尖锐起来。

基督教神学立场对中国心灵意味着什么，这个问题的回答我们还在等待之中。哲学对中国人的心灵又意味着什么？这个问题也许有些奇怪，甚至莫名其妙。哲学不是和我们中国人很近吗？不是很多大学都有哲学系吗？中国哲学不是可以回溯到先秦时代吗？然而，我们也不得不思考这样一个事实，中国传统典籍构成的学问中，并没有哲学这门学问。在章太炎的《国学讲演录》的目录中，就找不到哲学这门大学问。小学、经学、史学、诸子、文学皆有其源流，然而未见哲学这门学问。如果中国本身并没有哲学这门学科，那么"中国哲学"这个词总显得有些尴尬。后人所谓"中国哲学"这门学科，大抵是对诸子和经学文本的现代组合和分析。所以，哲学在中国的出现，是现代的事情。可以说，"中国哲学"作为一门学问，乃是"中国哲学史"写作的一项重大发明。换句话说，"中国哲学史"写作才开始挖掘出或者建立了"中国哲学"这门原本没有的学问。西洋哲学讲论形而上学、逻辑学、道德哲学、政治哲学等等，其探讨的内容逃不出宇宙、人生和思想形式等问题。中国传统文本自然也有对这些问题的精到思考。所以，怎么可以说中国没有哲学呢？或者退一步，也许中国本身没有哲学这门学问，但怎么可以说中国没有哲学思想呢？于是，中国哲学史家爬疏整理传统文本对宇宙人生和思想形式等问题的讨论，"中国哲学"这门学科从而逐渐发展起来。如今，中国哲学史既然已经名正言顺，质疑"中国哲学"这个说法本身是否有问题，自然显得有些奇奇怪怪。

对于最初的中国哲学史家来说，"中国没有哲学"这个说法可能令偌大中国很没面子。当然建立中国哲学史的目的不是为了面子，而是要辩争哲学思想在中国并不贫乏。要认识其丰富性，便要重新审视中国的思想和学问。既然是重新审视，便不再是依循传统的审视方式。中国哲学史的审视方式既然是哲学方式，便要讨论形而上学、逻辑学、道德哲学、政治哲学的问题，或者说便要讨论本体论、宇宙论、人生论等等问题。一旦开始谈论"中国哲学"，那么意味着谈论传统学问的角度完全改变了。构成"中国哲学"的文本依据主要是经学部分文本和大多诸子学文本。这两部分文本在"老大中国"界线很分明，经学是经学，子学是子学，尽管可以互相发明。皮锡瑞写作《经学通论》之时，五经经文还是作为圣经来谈论的。如今，看到"圣经"这两个中国字，大概绝大多少人脑子里首先想的不是五经经文，而是旧约新约的经文。这可能也是"中国哲学史"的功劳之一，因为中国哲学史不再视传统经文为圣经。如今，诸子文本在中国哲学史写作中的地位，如果不是高于至少也不低于经学文本的地位。举个例子来说，孔子在中国哲学史写作中不再是圣人，而通常被归为诸子之一来考虑。

"中国哲学史"的目标是要重新考虑中国思想，尤其是要"客观"地考虑。"客观"标准首先针对的是传统"崇经"的"主观片面"角度。无论胡著、冯著还是后来者所著中国哲学史，"客观"尺度从来就是一个不言自明的前提。中国哲学史写作的另一个立足点是历史角度。

具体来说，哲学是时代的哲学，一种哲学思想体现那个时代的精神，同时也难免那个时代的局限性。中国哲学史家有幸生在一个讲求科学客观的时代，从而能够"不带偏见"地平等对待种种思想，也能够更冷静地看到传统作者的主观性。传统经学家认定五经奥义，垂教万世。如朱子之言孔子作春秋，"致治之法垂于万世"。如此，圣人之教，不为世易，不随时移。然而这个原本永不过时的观念在少年中国时代过时了，失效了。客观和历史精神成了新尺度。依此尺度写就的中国哲学史辩称，中国传统对宇宙人生种种问题的思考，丝毫不逊色于西方的哲学传统。值得深思的是，辩护的方法和尺度来自西方，尤其是西方现代哲学传统。依照客观和历史精神的尺度，建立中国传统文本的本体论、逻辑学〔名学〕、道德论等等。

毫无疑问，中国哲学史已经成功建立起来了。但是，古久先生或许仍有疑惑，这是中国式的问题吗？这还是中国式的思想方法吗？对"中国哲学"的辩护本身从一开始就已经"屈从"于欧洲现代的"哲学"问题和思想问题的方法。中国哲学史家的目的在于为"中国的哲学"作辩护。然而，无论怎么强调"中国"，这个"中国"仍然是哲学的修饰词。而哲学对中国传统来说，却是一门陌生的学问。海德格尔说"西方哲学"这个组合词是"同语反复。"这也就是说，西方精神的根本在于哲学，而哲学在精神源头上根本就是西方的。中国人听起来，这个说法便等于"中国没有哲学"，相当刺耳。但是，如果哲学生活确实不是中国古久先生的生活方式呢？如果"中国没有哲学"对中国人来说并不算坏事呢？那么，尽管辩护"中国哲学"的起因在于促进中国传统的可理解性，但是否也可能就此丧失了古久先生的心意？海德格尔说"西方哲学"是同语反复，他也说，哲学生活和神学生活乃是"死敌"。这也表明了，哲学碰到了一个强劲对手。这个敌人的威胁越大，哲学的生机也越强烈。然而，在中国哲学史家那里，希腊少年在中国似乎根本就没有发现对手。也许，"从中国哲学的角度来看"，海德格尔的说法是片面的，是欧洲中心主义的表现。但是，如果"中国哲学"本身还是一个问题，如何可以轻易从"中国哲学"的角度看问题？海德格尔说法的挑战性在于，哲学是我们西方的精神根本，你们中国人赖以安身立命的精神柱石是什么？自从中国没有了古久先生，这个问题也就没有了答案。

所以，中国的古久先生处在耶路撒冷和雅典的双重逼问之下。然而，古久先生已经作古很久了。这双重逼问也就成了没有答案的问题，除非古久先生再临。古久先生还有可能复活吗？还有这个必要吗？这是困难的问题。如果客观和历史精神仍然是不言自明的尺度，那么古久先生的面目难以重见天日。施特劳斯曾把犹太长者看作是内在于西方的东方因素。中国已经屈从于西方，那么中国本身也有将其纳入自身血脉的西方因素。这个西方因素很可能就是中国少年的壮年欧洲梦。欧洲虽然已是壮年，犹太长者和希腊少年的声音从来就没有消失过，还经常给这个壮年人找点麻烦。正是要不断地要防御这些麻烦，壮年欧洲才是成熟的欧洲。而中国少年热烈追求成年，还来不及考虑成年过程和成年之后面对的麻烦。中国少年的麻烦来自自身内部，而非来自古久先生。古久先生的原则已经被中国少年宣布为无效，少年中国因此寻求建立新的原则。如何建立新的规则，哪种新的规则更可取，这是少年中国的内部矛盾。这些新规则在古久先生眼中看来有效性如何，在少年中国时代没有问这个问题的这个必要性，因为少年中国的基本假设已经断定，古久先生的原则已经失效。但是，如果中国少年确实称得上客观，那么在主观地预先判决古久先生死刑、或者主观地用现代观念肢解古久原则的时候，也需要客观地设想古久先生可能如何自我辩护。这可能是中国少年得以成年的一个必要条件。施特劳斯关于雅典少年和犹太长者之间政治紧张的强调，以及对诗人和哲学家之争、古人今人之争的重新阐发，对于仍在追求成年的中国少年来说，值得深入思考。

是为记。

2003 年 10 月于鲁汶